上方らくごの舞台裏

小佐田定雄
Osada Sadao

ちくま新書

1375

まくら

私が上方落語の存在に気づき、その魅力に溺れてしまった一九七〇年代のこと。

当時の上方落語界の中心は六代目笑福亭松鶴、桂米朝、三代目桂春團治、三代目桂小文枝（後の五代目文枝）の俗に「四天王」と呼ばれた四人の師匠連であった。その最後の「四天王」であった春團治師が二〇一六年一月九日に八十五歳で亡くなられたことで、月並みな表現ではあるが「ひとつの時代が終わった」との思いがある。

私が落語の台本を初めて枝雀さんに書かせていただいたのが一九七七年。いつの間にか四十年の歳月が流れてしまった。

二〇一三年に『枝雀らくごの舞台裏』、一五年には『米朝らくごの舞台裏』という本を出させていただいたのは、次第に薄れてくる記憶を書き留めておくためである。このたびは米朝師と枝雀師以外の、六代目松鶴師、三代目春團治師、五代目文枝師をはじめとする、彼岸に渡ってしまった師匠方の想い出のネタについて書き留めることにした。

私が落語に興味を持ちはじめた一九七〇年代からでも、四天王のほかに橘ノ圓都、三代目林家染語楼、桂音也、桂米太郎、四代目林家小染、三代目桂文我、二代目桂春蝶、三代目桂米紫、桂さん福、七代目笑福亭松鶴、初代森乃福郎、二代目桂枝雀、二代目桂歌之助、桂喜丸、桂米之助、四代目桂文紅、四代目林家染語楼、桂吉朝、桂文春、桂米治郎、桂春輔（後の祝々亭舶伝）、二代目露の五郎兵衛、三代目林家染三、六代目笑福亭松喬、桂春駒、桂米八、笑福亭仁勇、桂福車、露の慎悟、月亭可朝といった三十人を超える上方の落語家さんたちとお別れした。

その中でもとくに想い出の深い皆さんのエピソードを記した。

なお、四天王の世代の師匠方とそれより古い師匠方のお名前には「師」を、四天王のお弟子さんより若い世代の方々には「さん」を付けてお呼びすることに統一させていただいた。ご了承願いたい。

前の二冊では、速記や映像、音源については入手困難なレコードなどもご紹介したが、今回は今でも店頭やネット通販などで購入できる書籍やCDとDVDに留めた。これを機会に、ぜひ、お聴きいただきたい。

二〇一八年　師走

上方らくごの舞台裏【目次】

第1章 上方らくご精選38席

青空散髪

大阪の天王寺公園に「青空のおっさん」と呼ばれる伝説の理容師が居た。料金は五十円と格安なのだが、店舗は屋外で椅子は公園の石段、木陰が冷房設備、お日さんが暖房設備、目の前のグラウンドでやっている草野球か公衆電話の電話帳が娯楽設備。電気バリカンの電源は外線（屋外に敷設された電線）の被覆の破れたところに電線を引っ掛けて盗電している。鏡は前の道路を通りかかるタクシーの磨きあげられたボディーに映る影。頭を洗うのは乗馬クラブの馬の水飲み場で、ヒゲ剃りの剃刀は銭湯で拾ってきたのを再利用する。石鹸は銭湯の湯落とし口に仕掛けた金網にひっかかった石鹸の屑を集めている。「汚いなあ」と苦情を言うと、青空のおっさん、涼しい顔して「使えるもんはみんな使わなあきまへん。うちの看板よーう見てみなはれ、『理容所（利用しょ）』と書いたある」。

◎

◎

三代目林家染語楼師が創った昭和の新作落語。戦後間もない大阪の風景が浮かんでくる作品である。グラウンドで野球をしているチームの名前が「闇売コメヤーズ」と「屑鉄ヒライヤーズ」というのがいかにも時代を感じさせてくれた。

三代目染語楼師は一九一八年生まれ。六代目笑福亭松鶴師と同い年である。三七年四月に二代目染丸師の門下となり「小染」。戦後になって五〇年から新作落語一本にしぼり、五五年には「一一」と書いて「かずはじめ」と読む芸名に改名。ところが横書きにして「一・一」と名前の間に「・」を入れると区切りの線と紛らわしいので「一の一」と平仮名の「の」を入れて「かずのはじめ」とした。仲間内からは「一・一」だから「ピンピンさん」と呼ばれていた。六二年四月に三代目林家染語楼を襲名。七五年一月、五十六歳の若さで亡くなっている。

私も二度ほど高座を見せてもらったがこの噺は聞いていない。

その息子が四代目染語楼。一九五〇年に生を受けている。日本人離れした風貌は父親譲りで、キャッチフレーズが「ビルマの竪琴」。大阪を訪れた立川談志家元が彼の顔を見るなり「おっ！　ピンピンさんの息子だろ？　そっくりだな。なつかしいねえ」と声をかけてくれたので、周囲の上方の若手落語家連は「ええなあ。おとうさんが個性的な顔の落語家で」とおおいにうらやましがったものだった。

二世落語家であったから六代目松鶴師、米朝師、三代目春團治師、五代目文枝師といった四天王だけでなく、談志家元や古今亭志ん朝師といった東京の大看板からも親しく声をかけてもらっていた。欲のない人で、人を押しのけてまでということはせず、襲名するにあたっても、他の人にどんどん追い抜かれていた。それをぼやくわけでもなく、かえって、その後押しをしてあげるというくらいの「いい人」で、周りで見ていると歯がゆく思えるほどだった。染語楼を襲名する前の名前は「市染」だったので、仲間からは「いっちゃん」と呼ばれていた。襲名してからも、みんなは相変わらず「いっちゃん」と呼んでいたが、当人はいたって平気で「へえへえ」と機嫌良く答えていた。

三代目には『市民税』、『食堂野球』、『お好み焼き』、『地下鉄』、『タクシー』などの作品があり、四代目もよく演じていた。この『青空散髪』は四代目からほかの一門の落語家にも伝えられている。

『食堂野球』は当時「プロ野球」のことを「職業野球」と呼んでいたことのパロディである。食堂のチームが「食堂野球」、対戦相手は風呂屋のチームで「フロ野球」というシャレになっている。この噺を演じる時、三代目はわざわざ誂えた野球のユニフォームを着て、立って演じることがあったし、『タクシー』の場合はパイプ椅子を二つ使って、背もたれの部分をタクシーの屋根に見立てて、その下に座って演じたこともあった。いずれも四代目が復活して見せてくれたことがあったが、初演された五〇年代にはずいぶん型破りで話題になったことだと思う。

三代目の声は「落語昭和の名人完結編㉕」（小学館）と「落語入門落語名人十八番集」（ポニーキャニオン）に『お好み焼き』が収められている。

『青空散髪』を最初に聞いたのは七八年八月一〇日に大阪の朝日生命ホールで開かれた「べかこ（現・南光）・雀三郎勉強会」で市染時代の四代目が演じた高座だった。当時、まだ二十八歳だったはずなのに、終戦直後の闇市時代をしたたかに生き抜いてきた大阪のオッサンの風格が備わっていた。

ことに、バリカンの電源が屋外の送電線だと聞いた客が

「盗人やがな。こんなことして怒られへんのかい？」とたずねても

「このへんのやつらが言うてくれまんねん。『警察に見つかったらうるさいで』。『盗む電気』と書いて『盗電』ちゅう罪になりまんねて。『トウデン（当然）のこっちゃ』言うてね」

と平然とうそぶく図太さ。また、そのバリカンを客にほめられて

「わたいらねえ、国産のは使いまへんねん。舶来しか使いまへんねん。書いてまっしゃろ、大きい字で。『メイドインUSA』……ドイツ製の一番ええやつ使うてまんねん」と自慢するあたりの軽い呼吸は得難いものであった。

四代目は創作の才こそ無かったようだが、芸の面では三代目をしのいでいたように思う。

『市民税』というのは、市役所の徴税係の役人が、長屋に集金に来てひどい目にあうという一

席。いわば古典落語『掛取り』の逆バージョンである。『掛取り』には個性的な趣味を持つ掛取りが次々と登場するが、『市民税』には個性的な住民たちが登場する。中でもインパクトが大きいのは猪熊虎五郎。コミックバンド「ドンキーカルテット」に同じ名前の芸人さんが居たように記憶するが、どちらが本家かは知らない。とてもごついおじさんなのだが、なんと顔を白塗りにして文金高島田のカツラをかぶって待っていて、役人に色っぽく迫ることで恐怖心を与え、みごとに追い返す。日本人離れした風貌の四代目が演じると、その迫力はなかなかのものであった。

　いつのことだったか、四代目が私に

「親父の台本、見てもらえまへんか。もし、再生可能やったら手ぇ加えてもろて、復活上演してみたいんで」と三代目さん手書きの原稿を持って来てくれたことがあった。三代目自作の『怪談・踏切り』、『病院の幽霊』、『新発明』、『毛相』、『お釣り多い話』、『運勢』、『口車（珈琲と車）』、『社長の計算』、『やきもち』、『放射能ゼロ』、『居留守』、『地方選挙』、『消防署の幽霊（台風幽霊）』、『オシメ』のほか、放送作家の永滝五郎先生作の『すき焼き』と『お値段』という原稿も入っていた。

　すべて読ませていただいたのだが、いずれもその時代に合わせた作品なので、いまそのまま演じると中途半端にズレていて古典落語より古臭く感じられる。これは、三代目染語楼師だけでなく現代ものの新作を創る場合、のがれることのできない問題で、最新流行のものほどすぐに古くなってしまうという理屈だ。
結局、『消防署の幽霊』のマクラに遣われていた『猫婆』という小咄をもとに新たにサゲを付け直したものが、現在もときどき口演されている『怪談猫魔寺』。一応、小佐田定雄作となっているが、原型は三代目染語楼師なのである。
『社長の計算』という作品は浮世亭光晴・夢若が十八番にしていた『社長の哲学』と同じアイデア。原案は吉田機司《きじ》という川柳作家の書いたエッセイで、三代目はちゃんと吉田氏に断って口演していた……と米朝師に教えていただいた。
内容は社長が社員に向かって
「一年は三百六十五日じゃが、一日の内、何時間働いておるんじゃね?」
「八時間です」と答えると、社長は
「ということは一日の三分の一じゃね。ということは三百六十五日の三分の一、百二十二日じゃ。日曜日というのが一年に五十二日あって、土曜日は半日なので二十六日。正月休みの五日間、祭日が八日間、大晦日が一日と差し引くと、三十日しか働いておらん計算になる。その上、年休として二十日間、病気とかで十日ぐらいは休みを取っておるじゃろう。その合計三十日を引いてみたまえ。そうれ見たまえ、君たちはカイモク働いてはおらん!!」……というのがサゲ。

漫才では社員が社長に賃上げの交渉をするシーンから始まるが、落語では前半に社員たちのグータラぶりと社長のケチぶりが描かれる。
原稿の末尾に師匠自身の文字で
「他の人で、このネタの一部を演る人もありますが、拙作のこれが原形です」と書いてあった。
四代目は師匠ゆずりの新作だけでなく古典もよく演じていた。『へっつい幽霊』や『黄金の大黒』などののどかなおもしろさは得難いものだったし、寄席囃子の鳴物の名手としても重宝がられていた。そして、大喜利のボケ役としては最高の存在だった。
落語家仲間のコントでも人気者で、ある時などは彼が耳輪と鼻輪を付けて椰子の実のブラジャーに腰簔というトロピカルなコスチュームで登場するのが「出オチ」で暗転というコントを演じた時、手違いで照明が落ちなかったことがある。その瞬間、四代目は実にばつの悪そうな表情で
「暗転ョ！」と言って真っ暗になったあと、客席と楽屋双方ですごい爆笑が巻き起こったことをおぼえている。
四代目は二〇〇五年三月二九日に五十四歳で亡くなっている。この月は桂文紅師、五代目桂文枝師が相次いで世を去り、染語楼さんまでも失い呆然としたものだった。さらに、その八月に三代目旭堂南陵先生が、一一月には桂吉朝さんとお別れをするという上方演芸界にとって魔

の一年だった。

彼が亡くなったあとのことである。見舞いに行った林家の若手に病床の四代目が「わし、小佐田はんになんにもお返ししてへんなあ」と殊勝なことをもらしていたと聞いた。とんでもない。私の台本を高座で演じてくれて、お客さまを楽しませてくれた。「お礼」はこちらから言いたいくらいで、彼の「恩返し」は高座で演じたときに完了しているのだ。

息子が「林家市楼」として落語家の道を歩んでいる。古典だけでなく、『市民税』、『青空散髪』、『食堂野球』、『タクシー』、『お好み焼き』、『ハンカチ落とし』など、祖父である三代目のネタもしっかりと受け継いでいるのが頼もしい。

網船

DVD……松喬十六夜〔⑥笑福亭松喬〕（コロムビア）

極道者の相模屋の若旦那は、芸者や舞妓を連れて舟遊びに出かけたいと思っていたが、遊びが過ぎて自宅の二階に軟禁されてしまう。そこで、野だいこのちゃら喜に頼んで、金儲けが大好きな親旦那を「網船は捕った魚を売って金儲けをするものです」と嘘をついて説得してもらう。ところが「金儲け」という言葉に食い付いた親旦那は「わしも行く」と言って付いてきてしまう。親旦那を船から下ろすため、わざと船を揺らしたりするのだが親旦那は平気で、かえってちゃら喜が酔ってしまう。そのうち、芸妓たちを乗せた屋形船が近づいて来たので、一計を案じたちゃら喜は、わざと屋形船に網を打ちかける。そして「相手の船には薩摩の侍が乗っていて『手討にする』と怒っているので、若旦那と自分がお詫びをしに行って来る」と言って屋形船に乗り移る。屋形船で待っていた芸妓たちが若旦那と「ばら拳」を打って大騒ぎを始める。その騒ぎを聞いた親旦那、船頭に「あの船に戻ってくれ」と頼む。船頭が「滅相な。今頃戻ったら剣の山だっせ」と言うと、親旦那「あんなケンなら、わしも乗りたいわい」。

◎　◎

この噺を知ったのは一九三一年に発行された『上方』という郷土研究の雑誌の第五号に載っていた二代目桂三木助師の速記だった。その速記をもとにして一席ものにまとめて、六代目笑福亭松喬《しょきょう》さんに演じていただいた。もともとは笑福亭の元祖である笑福亭松竹《しょちく》が創った幕末の新作落語で、近年は上演が絶えていたのだが、結局は笑福亭のネタに返ることになったわけである。現在は六代目松喬師の三番弟子の生喬さんが演じてくれている。

映像に残っているのは、肝臓がんで入院していた病院を抜け出して、二〇一二年九月二三日、繁昌亭の昼席でこの噺を初演してくださった時の高座である。マクラでも触れておられるように、入院の報を受けたものの、粋人の松喬さんのことでもあり、なまはんかなお見舞いの品など持って行けない。なにがよかろうか……と無い知恵を絞ったあげく、思いついたのがこの噺の台本だった。

第一稿ができたのが一二年五月一日のこと。すぐに郵送したところ、一四日に京都の街を歩いている時に松喬さんから

「なによりのお見舞い、ありがとうございます。大事にやらせていただきます」

との嬉しいお電話をいただいたことを昨日のことのようにおぼえている。

『上方』の台本では「ばら拳」を打つシーンは無く、船頭が船を漕ぎながら「親旦那、あの船の中は薩摩の侍が刀を抜いて、まるで剣の山だっせ。あっちの船へ行きたいことおまへんやろうナア」とたずねるのに、親旦那が「あの船の中なら、わいかて行きたいが」と答えてサゲになっている。「ばら拳」のくだりをプラスして、よりわかりやすくしてくださったのは松喬さんである。

もっと早い時期からお話しさせてもらったらよかった……。松喬さんのことを思い出すたびに思うことである。もちろん、「鶴三《かくざ》」と名乗っていた時代から松喬さんの存在はよく知っていて、豪快なイメージのある笑福亭一門の中では珍しく繊細なイメージがあった。ご本人も、それは自覚しておられたようで

「うちの師匠から『おまえは、米朝のスパイやさかい』とよう言われてました」と笑っておられた。米朝師は兵庫県姫路市、松喬師も同じ兵庫県の小野市の出身ということもあって、松鶴師はそんなことを言ってからかっておられたのであろう。

前名の「鶴三」から「松喬」を襲名したころは、「うまさ」を見せつけているような印象があって、「なんだかとっつきにくい人だな」と勝手に思い込んで敬遠していた。今となってみたら、惜しいことをしたものだと後悔することしきりである。

松喬さんと親しくお話をさせてもらうようになったのは二〇〇二年からスタートした「松喬

ひとり舞台」という独演会からのこと。いろんなキャラクターが登場して料理をこしらえようとして失敗する『寄合酒』という噺を聞いたときに「この人は『うまく見せる』ことよりも、『おもしろい』ことが大好きな、とてもカワイイお人である」ということがわかった。それ以来、気になる存在になったわけである。

そして、その翌年に初めて『見舞い酒』という新作落語を書かせていただいた。落語には珍しいおばちゃんの酔っ払いが登場する噺であったが、何回か口演していただいたはずである。

一方で「うまさ」を見せつけてくれた高座にも出会った。〇四年に東京のよみうりホールで開かれた「東西落語研鑽会」のトリの高座で聞かせてくれた『帯久』。この日の松喬さんは広い会場に満員のお客の呼吸までも支配していた。サゲの一言を言って、松喬さんが頭を下げても客席からは拍手はおこらない。緞帳が半分ほど降りてきた時に、堰を切ったような拍手の嵐が巻き起こった。降りて来る緞帳が視界に入ってくるまで、お客様は松喬さんの世界に取り込まれていたわけである。こんな経験は、そんなに味わえるものではない。

『網船』については、そのあと何回か口演して、二〇一三年六月六日にNHK大阪ホールで開かれた「NHK上方落語の会」で口演したのが最後となった。この高座が松喬さんのNHKの最後の収録となり、七月二一日にNHK「日本の話芸」で放映され、その九日後の三〇日にお別れすることになる。

この噺を松喬さんに……と思ったのは、この主人公の親旦那の「厳格なようで実はとてもカワイイ」というキャラがぴったりだと思ったからである。そして、実際の高座を聞いて、私の予想が間違っていなかったことを知った。

船をわざと大きく揺らした直後の

「ああ、気持ちが悪い。もうあかん」という台詞が、てっきり親旦那のものと思っていたら、若旦那の

「ちゃら喜。おまえが酔うてどないすんねん」の一言で、ちゃら喜が酔っていたことがわかるギャグは落語でしかできない……と自負している。こういう絶対に外れないギャグがあると、その噺は古典としての永遠の命を獲得したのだと思う。

一番弟子の現・松喬さんがこんなことを教えてくださった。

「このネタについては『実際に網を打った経験があることと、あーちゃん（六代目松鶴師夫人）とよく拳を打っていたことが強みになった』と言うてはりました」

有馬小便

CD……春團治三代　三代目桂春團治⑦（クラウン）
ビクター落語上方篇・三代目桂春團治⑤（ビクター）

何もせずにブラブラしている男に、世話好きな甚兵衛さんが仕事を世話してくれる。有馬温泉に行って、湯治客に宿の二階から小便をさせてあげようという珍商売だ。溜まった小便は肥料として売って二重に儲けようというアイデアだ。小便するための二間ほどの長い竹竿と小便を受け止める桶を持った男、法被腹掛けという小粋な風をして有馬へとやって来る。「小便屋でござい。二階から小便させましょう」と流していると、女性のお客が声をかけてくる。竹竿を捧げ持っていると、小便がこぼれて小便屋の頭の上に降ってくる。驚いて二階を見上げた小便屋。「ああ、お女中でっか。それやったら漏斗持って来たらよかった」

◎　◎

三代目春團治師が演じていたが、五十歳をすぎたころからはあまり口演しなくなった。理由をうかがうと「今のボクのイメージに合わないから」とのお答えをいただいた。

私が最後に三代目のこの噺を生で見たのは一九七八年五月一八日に大阪の厚生年金中ホールで開かれた第九十八回「NHK上方落語の会」だった。この時の録音は**ビクター落語上方篇・三代目桂春團治⑤**に収められている。めったにマクラを振らない三代目が「NHKでこんな噺するのは私ぐらいやと思いますけど。放送に限らず、皆、やらんようですけど、『難しいんか』いうたらそやないんで。あほらしいて誰もやらん」とぼやいておられた。このころから、あまり高座にかけなくなったのかもしれない。

甚兵衛さんはブラブラしている男に語りだす。

「日本の国も独立国。平和な国になったけど、爆撃の跡がそのまま、大火の跡がそのまま、地震の跡がそのまま、資材の関係で復興が遅れてるな。けどまあ、我々として一番先に復興さしたいのが娯楽地、温泉地やなあ。温泉地というても、昔のように三階、五階、六階というような立派な建物はでけん。せいぜいできたところがバラックの二階建ちが関の山や。また、バラックの二階建ちができても、昔のように二階に便所がある、風呂があるというほど設備が行き届いてない。また、ああいう温泉地へ遊びに行く人は金にいとい（窮屈さ）がないやろ。懐にどっさり金を入れてなはる。かわいい女の人といっしょに行きなはる。そういう人やから、設備の行き届いてないところはかなわん。昔から都都逸の文句にあるように『寝ながらにして小便がしてみたい』という文句があるやろ。そこでや、わしの考えた商売というのはやな、そういう人がわざわざ二階から下まで小便をしに下りんでもやな、二階に居ながらに小便をば、さしたげよと思うねんけどな」

初めてこのくだりを耳にした時、軽い目まいを感じた。古典落語よりも古風な感じがしたからである。

この噺を春團治師は四代目の文團治師から習った……ときいていた。文團治師というと『いかけや』のマクラで〽蟹どん蟹どんどこ行きゃる……という幕末の唄をそのまま伝えたお人である。そんなお人が「日本の国も独立国」などという時代に合ったことを言うだろうか？　米朝師にうかがうと、これは三代目の父であり師匠でもあった二代目春團治師が戦後すぐに演じていた型で、昭和二〇年代には時代にぴったり合った新鮮な演出だったのだが、三代目はそれを変えずに昭和五〇年代まで演じ続けていたとのことだった。噺の中で将棋を指している人の名前が「河合さん」というのも春團治家の本名であるので、二代目の型を踏襲しておられたことがわかる。

NHKの高座では、さすがに冒頭の「日本の国は独立国」は省いていたが、あとは全く変えていなかった。でも、いま、このくだりを改めて聴きなおすと、戦後七十年を超えたこともあって「古典」の香りがしないでもない。

それ以前の『有馬小便』には、もちろんのことそんな描写はない。もともと、有馬温泉の宿は、急な坂に建てられているため、表から見ると二階建てでも、湯壺や便所のような水回りの施設は地下一階にあるので現実には三階建てになっていた。そこで、二階から地下一階にある便所に降りて行くのは大変だったということが前提になっていた……と米朝師に教えていただいた。

この噺のもう一人の演者だった六代目松鶴師は江戸時代の噺として演じていたので、当然のことながら「日本の国は独立国」以下のフレーズはない。小便をさせる代金も、春團治師が「小便（シシ）の十六円」であるのに対して、松鶴師は十六文になっている。

甚兵衛さんの勧めで、男は有馬温泉にやって来る。古い演出では、有馬の町に差し掛かると下座から〽有馬名所は薬師に愛宕……という唄が入ったらしい。上方歌舞伎でときどき上演される『雁のたより』という芝居でも使われている曲である。

「二階から小便させましょう」と言いながら町を流していると、最初に声をかけたのが将棋を指している男。相手に「桂馬のふんどし」という手を仕掛けられ悩みながらも小便がしたくてたまらない。地下一階の便所まで行くのが面倒なので小便屋の世話になることにする。竹の筒の先に自分の筒を入れようとするのだが、下の小便屋が竹をグイと突きあげるので「痛い痛い。ケガしたらどないすんねん」などと騒動になる。小便をしながらも盤面が気になると見えて

「わたい、もう桂馬おまへんで。わたい、桂《けえ》なしです」などと言っていると小便屋は「あんた、毛ェおまへんのか。カワラケでっか。ほーら、すっぱりしてええわ」とか「あんたの桂馬のふんどしが辛《つ》ろおまんねん。そのフンドシが辛ろおまんねん」と言うと「フンドシが邪魔やったらかたき（片側）へ寄しといとくなはれや」などとスカタンなやりとりをする。以前はこの程度のエロでも、ＮＨＫどころか、どこの放送局でも口演できなかったはずだ。

そのあと登場するのは女性の二人連れ。春團治師は母親と娘だったが、松鶴師は下女とお嬢さんで演じていた。便所がふさがっていて我慢できないという娘のために母親が「おしっこやさん」と声をかける。そして「上見んようにしとくなはれや」と頼むので、小便屋は竹竿を両手で捧げ持って下を向いている。

これからが春團治師の芸の見せどころとなる。女性であるから、男のようにうまくはいかない。筒からこぼれた小便が竹竿をつたって流れてくる。その小便が竿を握っている小便屋の左手からひじを伝ってスーッと流れる。あわてて左手を離して露を払うと、今度は右手から右のひじにかけて小便のしずくが流れてくる。「小便」という汚いもののはずなのに、春團治師の華麗な動きと適格な視線の動きを見ていると、さながら清らかな朝露が流れているような爽やかさがあった。これを「至芸」という。

「こぼさんように中へしとくなはれ」と言っていると後頭部にかかるので、あわてて見上げると顔に小便がかかる。

「顔へかけてどないしまんねん！」とぼやきながら見上げたところでサゲの一言になる。

この華麗な動きは映像こそ残っていないようだが、直弟子の桂春若さんがしっかり受け継いでおられるので、是非生の高座でお確かめいただきたい。

七〇年代、ラジオで某ビール会社がスポンサーになっている「出前寄席」という番組があった。パーティや宴会などの現場に芸人を派遣して、そこで演じた舞台を放送しようという企画である。ときには生放送で流されていた。その番組で松鶴師がこの噺を演じたことがある。桶の中の小便を見て、松鶴師はこう言い放った。

「純生やで。〇〇〇〇ビールみたいやで。泡の立ってるとこ、よう似たあるがな」

客席は大ウケで、拍手まで巻き起こっていた。私は当時、大学生で一聴取者として放送を聴いていたのだが、さすがに「これ、あかんのとちがうか？」と心配したことをおぼえている。

いかけや

速記……上方落語㊤（筑摩書房）
古典落語⑩（角川文庫）
落語名人大全〔③桂春團治〕（講談社）
初代桂春団治落語集（講談社）
CD……ビクター落語上方篇・四代目桂文團治③（ビクター）
ビクター落語上方篇・三代目桂春團治①（ビクター）
春團治三代　三代目桂春團治⑤（クラウン）
春團治三代　初代桂春團治⑤（クラウン）
初代桂春團治大全集BOX（徳間）
昭和戦前面白落語全集〔①桂春團治〕（エニー）
DVD…極付十番・三代目桂春團治（ワーナー）

鋳掛屋《いかけや》が道端に店を広げると大勢の個性的な子どもたちが集まって来る。ふいごで窯の火を起こしていると、興味津々の子供たちは、「青い火ぃが出てますけど、そこから幽霊出ますか？」などとかわいい質問をしてくる。中には「細君ごわすか？」などとマセた質問をするやつまで出てきて鋳掛屋は閉口する。そこへ乱暴な子供がやって来て「土をほぜくるさかい金づち貸してくれ」と言うので断ると、小便でせっかく起こした窯の火を消してしまう。鋳掛屋が怒ると、子供たちは「うなぎ屋へ行こう」と次なる犠牲者を求めて走り去って行く。

◎

◎

初代、二代目、三代目の春團治師が十八番にしていた「お家芸」である。その三代にこの噺を教えたのが四代目桂文團治師。文團治師はそれを生涯の自慢にしていたという。

もともとは二代目桂米喬という人の十八番で、この人は、若いころに疱瘡にかかって顔中にあばたがあり「鰐皮」というニックネームがあった。愛嬌たっぷりの高座で、一席終わった後で立ち上がり『逢いたさ』という色っぽい踊りを踊るのだが、最後にチラッと色目をつかいながら高座に吊ってある電球をペロリと舐める……という不思議な芸の持ち主だった。初代春團治師は文團治師が「麦團治」と名乗っていた時代、

「麦やん。米喬はんの『いかけや』、だいたいおぼえてんねけど、あんた、やってるさかい、ちょっと言うてえな」と頼んで来たので、細かい部分を教えたところ、初代は翌日から高座にかけて、あっという間に十八番にしてしまったそうだ。

「文團治さん、『教えたんはわしやけど、むこうのほうがおもろいねん。えらい目に合うた』とボヤいてはった」とは米朝師の証言である。

二代目春團治師のこの噺の録音は残念ながら残っていない。しかし、二代目の奥様の河本壽栄さんが、その高座を克明に記憶しておられて、二代目の声色でマクラの部分を再現してくださったことがある。

「『かほどまで偽り多き世の中に子のかわいさは真《まこと》なりけり』。野にも山にも産み置くは子供。

子供は国の宝やそうでんな。その宝が、われわれ貧乏人の子だくさん。貧乏人には子供が多い。あんさんがたお金持ちには子が少ない。そら道理でんな。ひまがある。ちょっと出るにも自家用車。行く先々には、あんた、若うてかわいい奇麗《きれーえ》なんが置いたあるもん。そこで毎日ほど『権兵衛が種蒔く』に蒔いてなはる。浮気種《うわきだね》ではそら固まらんわ。そこへ行くとわれわれでんなあ。金がない。ひまがない。外へ出るちゅう間ァがないわ。ほんで、家に居てて、古い嫁はんばっかりウイヤウイヤウイヤと狙うさかい、ま、でーきるできる。『もういらん』ちゅうほどできまんな」

この続きは二代目春團治師の一生をまとめた『二代目さん――二代目桂春團治の芸と人』(青蛙房)という本に収められているので、興味のある方はご覧いただきたい。夫人の証言によると「ウイヤウイヤウイヤ」と言うとき、二代目は扇子を股間に立てて、剣道の竹刀のように前後に振ってみせたという。そんな下がかったことをしても、持ち前の愛嬌で全く下品さはなかったらしい。

三代目春團治師はマクラの部分で『桃太郎』を短く演じておられた。〽蟹どん蟹どんどこ行きゃる……というわらべ歌の文句を紹介するのだが、米朝師にうかがうと「あら、幕末のころの唄やで。明治一一年生まれの文團治さんに教えてもろたままで演じてんのやなあ」と感心しておられた。

演者は右手に持った扇子を金づちに見立て、左手に握った手ぬぐいを膝の横で前後に動かして「ふいご」で風を送って火を起こす様子を見せる。そこへわらわらと集まって来るのが町内の子供たち。私が子供時代を送った昭和三〇年代には道端で仕事をしている職人さんが居たし、そんなところには遠巻きにして見物している子供たちが必ず居たものだ。私もそんな中のひとりだったのだから間違いない。この噺でも

「鋳掛屋のおったーん」と言いながら、町内の悪童連中が集合してくる。

三代目は大勢の子供たちをきっちりと描き分けていた。まずは、リーダー格のちょっとしっかりした子供。鋳掛屋の背後に回りこんで「ご精が出まんな」と声をかけるマセた子供。一番小さくて舌がまわらず「そらそやな、おっさん」と言いたいところ「とらとやな、おったん」と言ってしまう子供。ちなみに、三代目春團治一門が発行している新聞のタイトル「とらとやな」はこのフレーズからきている。

三代目は子供たちが鋳掛屋の親父を怒らせて「鋳掛屋のおっさん、怒りよった。皆来い来いの来い来い来い来い。悪いやつばーっかり寄りまして、またぞうろうなぎ屋を泣かせます」と切り上げていたが、初代桂春團治師や四代目桂文團治師の録音では、うなぎ屋で子供たちがイタズラをするくだりと、そのあと山上詣りが登場してサゲになるくだりまで演じている。

余談だが、門人の春若さんにうかがった話では、四十年ほど前のこと、広島県での余興で、春團治師、春若さん、まだ「さなぎ」を名乗っていた昇蝶さんの三人で二時間やらなくてはいけなくなった時のこと。一人当たりの持ち時間が四十分で、春團治師はまず『子ほめ』を二十分で演じ、サゲを言ったあと「このへんで生まれた子供が大きゅうなりますと」と言って『いかけや』につないで四十分高座を勤めたという。

「困ったような風もなく演ってましたからね、若いころにそんな経験があったんとちがいますやろかなあ」とは春若さんのご意見。

浮かれの屑より

速記……上方落語㊤『紙屑屋』（筑摩書房）
落語名人大全〔①笑福亭福松『紙屑屋』〕（講談社）
CD……五代目桂文枝上方噺集成①（ソニー）
ビクター落語上方篇・⑤桂文枝『紙屑屋』（ビクター）
落語仮名手本忠臣蔵〔①桂小文治〕『紙屑屋』（クラウン）

極道がたたって親に勘当を受け長屋の源兵衛の家で居候住まいをしている若旦那。源兵衛の勧めで、集めて来た紙屑を分別するアルバイトを始めた。ところが、根っからの気楽な男で、作業場の隣が稽古屋であることから、漏れ聞こえてくる三味線の音に合わせて踊り狂い、ついには隣との壁を蹴破って、寝ていた病気のお婆さんの頭を蹴とばすありさま。怒った源兵衛は若旦那に「絶対に踊らないように」と命令する。しばらくは我慢していたが、隣から聞こえてきた『京鹿子娘道成寺』の鞠唄にノッてしまって、踊りながら長屋の井戸端に出て来て、ついには長屋の人たちも巻き込んで踊りはじめる。あきれた源兵衛が「おまえは、ほんまに人間のクズやなあ」と言うと、若旦那「へい。いま、選りわけてもらおと思うて」。

◎　　◎

東京で上方落語を演じていた初代桂小文治師が十八番にしていていた。マクラで

「東京は歌本位になっておりまして、上方は踊り本位になっております」と説明していたように、舞踊を得意とする演者が舞台狭しと踊り回る一席である。

小文治師は一八九三年、大阪市の生まれ。十四歳で二代目文團治(後の七代目文治)師のもとに入門。「小米」と名付けられた。枝雀さんの先代の「小米」である。一九一六年に二代目米丸として真打格となる。翌年に上京。一八年五月に「小文治」と改名して真打となる。それ以来、東京で上方落語を演じていたが、早口だった上に、東京のお客様に大阪弁をわかりやすく伝えるために、「て」「に」「を」「は」の助詞を省略したしゃべり方をしたので、今になって聞きなおしてみると純粋の大阪弁とは遠い感じがする。若いころにおぼえた『冬の遊び』という大ネタの音も残っていて、新町の太夫の道中の様子を描写するくだりがある。

「さあ、往来、たいへんな人通り。ええ、もう無料で、エヘッ、太夫さん顔が見られるちゅうんで、(両手の指を顔の前でバラバラと動かしながら)本当、いっぱいですわ。これ、これ、これ。人、人です。人、人、こう、ご覧に入れてる、これねえ。五本の指でこう、みんな頭に爪が生えたある。しわいやつの寄り合いですわ」

などと文字にするのが難しい口調ではあった。

ただ、舞踊の才はみごとなものだったように思う。寄席の高座でも、落語は短めに切り上げて、「おあと立ち上がりまして」と軽妙な踊りを披露していたと聞く。

米朝師からうかがった話。

「まだ、前名の『小米』といっていた十五、六歳のころには町内の稽古屋の発表会があると一升瓶を手土産に提げて現れて『わたいもちょっと飛び入りさせてもらえまへんやろか』ちゅうて頼むんや。会主がOKすると、会の途中にちょっと舞台に上がって達者な『チャリ舞（滑稽な舞踊）』なんかを披露して座をさろうてしまう。おかげで他の出演者はみんな飛んでしもうて、誰の会かわからんようになってしまうんや。これを『稽古屋あらし』というて、その当時に恐れられていたのは、小文治さんと後に舞踊家に転じて『若柳吉升』になった三升家紋右衛門さん。あともう一人、名前は忘れたが有名な人が居てたらしいなあ」

昔々の稽古屋の風景が見えてくるような証言である。

これも米朝師にうかがった話だが『三枚起請』で源兵衛に起請文を「煙管掃除に使え」と言われた小輝が怒り「おかあちゃんに聞いてもらう！」と言って立ち上がるシーンがある。源兵衛が「小輝、待て！」と止めると、下座の〽男心はむごらしや、女心はそうじゃない……という唄が入り、小文治師はその唄いっぱいで、立ち上がった小輝がふてくされて座るまでの「芝居」を見せたものだという。これも舞踊の基礎があればこそ可能な濃厚な演出なのである。

この『浮かれの屑より』……又の名を『紙屑屋』という噺、上方では演者が絶えていたが、小文枝時代の五代目文枝師が復活し、四代目染丸さんとその一門、桂吉朝さんと門弟の吉坊さん、佐ん吉さんなどが伝えている。

稽古屋から聞こえてくる音は、まず『吉兆まわし』。幇間がお座敷で踊ったものであろう。その文句を紹介しておこう。

〽時雨をば、急いでここに戸隠の、いまを春べと見渡せば、おりしも酒宴なかばにて、心細くもトボトボと、歩むをしばしと引きとどめ、盃させば嬉し気に、めつたに飲んで大めれん。枕をとってすやすやと、寝た間にそこらが角だらけ、そこで誠に目を覚まし、肝をつぶして逃げて行く、げにこそ思えば今の世に、殺生石とは名付けたり……。

居候はこう歌いながら踊り回る。

「めれん」とは酒に酔っている状態のこと。

文句の内容から見ると『紅葉狩』で季節は秋のはずなのであるが、「いまを春べと」と歌っている。花見の座で踊っているから「春べと」という文句にしたのかもしれない。

次に出てくるのは義太夫本の『義経千本桜・道行初音旅《はつねのたび》』。義太夫に合わせて踊ることになるのだが、芝居好きの吉朝さんはご贔屓の三世市川猿之助（現・猿翁）丈の声色を聞かせてくれた。

〽思いぞいずる壇ノ浦の……と機嫌よく踊っているが〽ちりちりぱっと木の葉武者……のくだりでトンボを返り、隣の壁を突き破ってしまう。

次に出てくるのは長唄の『京鹿子娘道成寺』の本。ページの端が破れていて「わずかたらぬ」と読める。

「『わずか足らぬ』やて。うちの節季やがな。長唄にこんな文句あるかえ？　ああ、ここが破れたあんねん。『言わず語らぬ』やな」と言うと、下座がすぐに引き取って〽言わず語らぬわが心……と歌い出すあたり、好きな人にとってはゾクゾクする最高の瞬間である。演者が下座に向かって

「なんぼ歌うても、もう踊らしまへんで」と言いながら次第に踊りに引き込まれていくところは、演者のわくわく感が伝わってくる。そのあと鞠唄になって、演者はしゃがんだ状態で高座を動きまわる。昔の寄席だと舞台も狭いので動く範囲もそんなに広くはなかったが、先代文枝師が復活上演した時は広いホールで演じたので、ホールの舞台いっぱいを動きまわって見せてくれた。踊りにかかる前に、敷いていた座布団から降りると、座布団を持って上手ソデへシュートッと投げ入れるのも格好良かった。

中には新しい演出を取った人も居て、一九三〇年に騒人社から発行された「名作落語全集」⑤の「芝居音曲篇」に三代目立花家千橘師の『浮かれの屑撰り』の速記が掲載されている。これを見ると屑撰りの作業場の隣にあるのは稽古屋ではなくてジャズの稽古場ということになっていて、居候は

「時々ピアノやヴァイオリンの音がするさかい、それに釣り込まれて、やかましい言はぬ様に」と釘を刺される。

いよいよ屑を撰り始めると、美人座のマッチが出てくる。「美人座」とは、ちょうどそのころに戎橋の北東詰を宗右衛門町へ折れた所にあったカフェーの名前。そこで、居候は美人座へ遊びに行った時のことを思い出して妄想の世界に入って行く。なじみの女とカクテルを飲んでいい機嫌になったところで、女が

「あなた、歌いましょうよ」と誘うので、居候は調子にのって

「よし、歌う。〽赤い灯……」と『道頓堀行進曲』を歌い出すと、下座の楽団が演奏を始める。米朝師にうかがうと、昔の花月の下座にはピアノがあって和洋合奏を聞かせていたという。

ジャズの演奏にのった居候は歌を歌い、ダンスを踊りだして床板を踏み抜いて床下に落ちてしまう。

源兵衛に叱られた居候は屑撰りを続行するのだが、次に見つけたのは活動写真……映画のプログラム。阪東妻三郎……「バンツマ」主演の『尊王』という写真である。居候は活弁の真似を始める。

「時あたかも幕末のころ。弦歌さざめく京洛の夜はいたく更け行く。東山三十六峰、静かに眠るころ、君国の志士・龍造寺俊作の背後に迫る多くの人影。それこそ壬生新選組の一隊である。

『参ったな、ウジ虫ども。勤王の志士・龍造寺俊作、天正助定の斬れ味を見よ。参れッ。寄らば斬るぞ』。熱血溢るる愛刀の鞘を払えば、一閃稲妻。星の瞬く三條河原。怪刀ひらめき鮮血踊る。たちまち聞こゆる剣戟の響き」

と言うと、隣のジャズの稽古所から和洋合奏の長唄『勧進帳』の一節が聞こえてきて、居候は一人で立ち回りを演じて、ついには隣の家との壁を突き破ってしまう。その後、源兵衛から静かにするように言いつけられておとなしくなったのだが、夜遅くなったのに灯が点かない。心配になった源兵衛が様子を見に行くと、居候はくたびれて熟睡している。あきれた源兵衛が

「おまえみたいな男は愛想が尽きるぜ。あれほど言うてもわからんとは、おまえもよっぽど人間の屑やな」と言うと、居候は答えて

「ヘエ、いっしょに撰ってもらおかしらん」

サゲは同じだが、いかにも昭和初期のモダンな味わいになっている。

近年は桂九雀さんが舞台を現代に移し、ラジカセから流れてくる音に反応して騒ぎまくる新しい『屑より』……『リサイクルマン』という噺を演じている。

おごろもち盗人

速記……上方落語（⑥笑福亭松鶴）（講談社）
CD……六代目笑福亭松喬上方落語集（コロムビア）
らくごDEきまる（桂喜丸）（EMI）

家の前の道から敷居の下に穴を掘って戸の内側に腕を差し込み、「猿戸」を外して侵入しようとしていた盗人。住人に土間から腕が出ているのを発見され、体は外、右腕だけが家の中にあるという状態で縛り上げられてしまう。なんとか縛り縄を切ろうと、ちょうど、そこを通りかかった男に頼んでがま口の中に入れてある小刀を取ってもらおうとするが、男は盗人が動けない状態であることを確認すると、がま口に入っていた五円の金を盗って逃げ出してしまう。逃げ出て行く男の後姿を見送って盗人「おーい！　盗人ーっ！」

◎　　◎

東京では『もぐら泥』のタイトルで演じられている。モグラのように敷居の下の土を掘るところから名付けられた。モグラは餅のような恰好をしているので「モグラモチ」とも呼ばれる。その「モグラモチ」が訛って「オンゴロモチ」から「オゴロモチ」になったのだという。昔の住宅は、現在のようなコンクリートの基礎がなく、地面の上にいきなり敷居がある状態なので、こんな芸当ができたわけである。「猿戸」というのは戸の桟と敷居の穴に「猿」と呼ばれる小さな木片を差し込んで戸締りをする仕掛け。盗人は敷居の下から手を突っ込んで、「猿」を指先で外そうと試みたわけである。現在は多くの演者が手がける人気ネタになっているが、私がこの噺を最初に聞いたのは六代目笑福亭松鶴師だった。

噺の眼目は、逃がしてもろおうと画策する盗人が

「俺が五年食《く》らいこもうが、十年食らいこもうが、娑婆へ出てきたら、必ずお礼参りしたるさかい、おぼえてえよ！」と強面《こわもて》に脅すと、家人は

「いつでも出て来い。俺ぁ、そんな時分にこんな家に居てへんさかいに」と答えるので、盗人は態度を豹変させて

「あ、さよか。えらいすんまへん」

と愛想笑いをする。この変わり身の落差が松鶴師は絶品だった。

お弟子さんをはじめとする周囲の人たちの証言によると、六代目松鶴師はずいぶん荒っぽい人のように感じられるが、実際はカワイイ一面のあった人だと聞く。その素顔が見えたのが、強面の盗人が

「あ、さよか。えらいすんまへん」と一瞬で変貌するシーンだったように思う。

このかわいらしさは、他のネタでもおおいに生かされていた。例えば『平《ひら》の蔭《かげ》』という小品。東京では『手紙無筆』というタイトルで演じられている。喜六が「読んでほしい」と持参した上町《うえまち》のおっさんからの手紙を、字のよめない甚兵衛さんが読めるふりをして、想像でしゃべるくだり。

「『長いこと会わんけど、どないしてんねんな。ちょっとおたずねいたします』……か」

「『長いこと会わん』て、二日前に会うてまっせ」

「……会うたんかい？　そういうことは先に言うときや。……あー、なるほど、書いたある」

「何が書いておます？」

「『長いこと会わんと思うたは、わしの思い違いやった。つらつら考えてみるに、二日前に会うたやないかいな。あの時は、なんの愛想もなかったなあ』と書いたある」

「あほらしい。愛想ないことおますかいな。上等のまむし（鰻丼）よばれたんだ」

「……書いたある」

「わたいが言うと書いておまんねやなあ」

「書いたあるさかい、書いたあると言うてんねん。……『あの時には上等のまむしを食わしてやったけど、あのまむしはおいしかったか、ちょっとおたずねいたします』……」

こんな調子で、おっさんが喜六に手紙を出しそうな内容を探りながら手紙を読んでいく甚兵衛さんがとてもカワイイ。
なんとか「お膳を十人前貸してください」とまで読み解いた(?)ところで、甚兵衛さんも疲れたとみえて
「まずはこれにてさようなら」と末尾の文章を読み上げる。その後で喜六が
「『盃も貸してくれ』て言うてましたけど、書いてまへんか?」とさらに質問するので、イラッときた甚兵衛さん、ついに
「『追伸。さようならと書いたことは書いたけど、盃もお貸しください。今度こそほんとうにさようなら。ぐっどばい』」と言い切ってしまう。困った挙句、「追伸」と続けるところもおもしろいが、念押しの「ぐっどばい」が松鶴師の口から出るとカタカナの「グッドバイ」ではなくて、平仮名の「ぐっどばい」に聞こえるのが嬉しい。
松鶴師は、噺の中でときどきイタズラというか趣向をすることがあった。例えば『高津の富』。当たり番号はだれがやっても「子《ね》の千三百六十五番」なのだが、松鶴師はときどき、演じた時の西暦年号を使うことがあった。例えば一九七二年の正月に演じた時は「子の千九百七十二番」。お客さんも趣向に気がついてクスリと笑うところだが、この趣向には大きな落とし穴がある。当たり番号を確認に来た主人公が当たり番号を見て
「あの一番が子の千三百六十五番。この札が子の千三百六十五番……。当たらんもんやなあ」

とつぶやいて、当たり札と知らずに地面に捨ててしまう。それでも、あきらめきれないで札を拾い上げ
「番五十六百三千の子……。あ、こら、さかさまや」というギャグになる。
最初に「子の千九百七十二番」と言ってしまっていた松鶴師、このくだりにきて
「番二十七……」まで言って、口慣れていなかったのでグッと詰まってしまったのだ。しばらく宙をにらんでいた松鶴師、やがてあきらめて
「……しょうもないこと、せんでもええんだ！」と言い捨てると、さっさと次の台詞に移っていった。この「しょうもないこと」をちょいちょいやっておられる。
『蛸芝居』という噺で、丁稚さんが子守の途中に芝居の真似をしていて抱いていた赤子を放り投げるシーンがある。他の演者は投げるふりをするだけなのだが、松鶴師は手ぬぐいを赤子に見立ててポンと放り投げたことがある。と、力が入りすぎたのか手ぬぐいが飛びすぎて見台の前のほうまで飛んでいってしまった。この時も松鶴師は
「……しょうもないこと、せんでもええんだ！」とぼやくと、よっこらしょと立ち上がって手ぬぐいを拾いに行ってから、続きを演じたことがある。
こういうアクシデントばかりではない。『天神山』という噺は全体が『芦屋道満大内鑑《あしやどうまんおおうちかがみ》』という芝居のパロディになっていて、女房に化けていた狐が正体を現して、障子に「恋しくばた

づね来てみよ南なる天神山の森の中まで」という別れの歌を書き残して姿を消すのが結末となる。松鶴師は一九七四年一月、ＮＨＫの会でこの噺を演じていて「障子に書き残しましたる歌一首……」とまで言ったところでフリーズしてしまった。しばらくはうつむいて考えていたが、顔をあげるなりあっさりと

「ま、たいした歌やないんだ」

この歌を言うために三十分近い噺をやってたはずやのに、たいした歌やないんかーい！　と客席から突っ込みを入れたのをおぼえている。この時の高座はＣＤ「てんこもり！　六代目笑福亭松鶴全集」③に収められているが、和歌の部分は録音しなおしたのだろう。なにごともなかったように編集されている。

もちろん、趣向が成功した例もたくさんある。例えば『愛宕山』のサゲ。旦那が投げ捨てた小判を拾うため谷底に飛び降りた幇間の一八。竹がしなる力を借りて飛びあがって来たところで旦那が「えらいやっちゃ。で、金は？」とたずねると、他の演者では一八が「忘れて来たー あ！」と叫ぶことになっている。松鶴師は「金は？」とたずねられた瞬間「アッ！」と一言言って谷底を覗きこむ姿を見せてサゲにしたのである。そういう型がある……ということは知っていたが、実際に生で見たのはこれが初であった。

二〇一八年八月で生誕百年を迎えた永遠のレジェンドである。

お玉牛

速記……上方落語（⑤笑福亭松鶴）（講談社）
上方落語㊤（筑摩書房）
CD……ビクター落語上方篇・三代目桂春團治③（ビクター）
春團治三代　三代目桂春團治⑥（クラウン）
ライヴ上方艶笑落語集②（②桂春蝶）（コロムビア）
桂ざこば独演会⑦（EMI）
昭和戦前面白落語全集（②立花家花橘）（エニー）
DVD…極付十番・三代目桂春團治（ワーナー）

大阪近郊の村にお玉という娘が居た。京のお屋敷に奉公していたというだけあって、上品で、すこぶるつきの美人である。村の若い男たちが集まると、お玉の噂で持ち切り。今日も、あばの茂兵衛がお玉に吸い付け煙草をしてもらって、懐に手を入れさせてもらった……という話をするが、それは夢だったというオチになる。そこに現れたのが小突きの源太という過激な男。土橋の上でお玉に出会ったのをいいことに持っていた鎌で脅かして、夜這いに行く約束を取りつけたと自慢をする。お玉は家に帰ると両親に相談。話を聞いて怒った父親はお玉の寝間に牛を寝かせておく。その夜、忍んできた源太はお玉だと思い込んで牛の角を力任せに引っ張る。怒った牛がモーッと鳴くので仰天して友達の家に飛び込む。友達が「お玉のとこへ忍んで行くちゅうてたけど、お玉を『うん』と言わせたんか？」とたずねると、源太「いいや。『モー』言わせてきた」。

◎　　◎

現在演じられている高座では村の若い衆がお玉の噂をするくだりから演じられているが、「上方はなし」の速記をまとめた**上方落語**に掲載されている古い速記には、お玉がこの村……堀越村になぜやって来たかというプロローグが付いている。

十二月も押し詰まった雪の夜、紀伊と大和の国境にある堀越村の百姓・与次平とお累夫婦の家に旅の武家とその娘が訪れる。武家は禁裏《きんり》北面《ほくめん》の武士……御所の北の面を守護するための武士で松本丹下。娘の玉菊と二人で旅をしていたが道に迷ってしまい、堀越村にたどりついた。あちこち泊めてもらいたいと頼み込むのだが、『旅人を泊めてはいけない』という村の掟がある」と断られた挙句に、与次平の戸を叩いたのだという。同情した与次平は親子を中に招き入れて泊めてやることにする。ところが、その夜、丹下は頓死してしまうのである。行くところのなくなった玉菊は、与次平の女房・お累の妹として堀越村に住むことになる……というのが前段。今演じられているストーリーとは何の影響もなく、後半の雰囲気と一貫しないので演じられなくなったのも無理はないと思う。

この噺、春團治師は立花家花橘師から教えを受けている。花橘師は仁輪加《にわか》師をやっていたこ

ともあって、とても明瞭な口調でレコードをたくさん残している。どんな口調かというと

「こんにちは」

「よう、どうした。まあ、こっちへ、お上がり」

「へえ、ありがとう。ちょっと、お頼みがあって、来ましたんですがな」

という具合に、まさに噛んで含めるようなわかりやすい口調だった。また、教え方も親切で丁寧だったので、春團治師だけでなく五代目文枝師も教えを受けていた。

ときどきモダンなフレーズが入り、堤の上を歩いて行くお玉に野良仕事をしている茂兵衛が「下へ降りて来て、一服したまえ」なんて声をかけたり、源太が二枚目気取りでお玉のところへ忍んで行くくだりで

「色事師の隊長は俺でございい……てな顔しよって」と「隊長」というような新しい言葉を使っていて、春團治師もしっかりと継承しておられた。

この嘶の音も残っているが、できれば映像をご覧いただきたい。春團治師は舞踊の素養を生かした華麗なアクションを見せてくれた。高座の上を縦横に動き回る……というと枝雀さんの専売のように思われるかもしれないが、春團治師も負けないぐらいに動いていたのだ。

大阪近郊の村で若い男たちが集まって、村一番のベッピンさんのお玉の噂をしているところから幕が開く。その男たちというのが、ウップの万兵衛、おたおたの太助、あばばの茂兵衛、

半鐘のチャン吉、釣鐘のイボイボ、そんなら宗助、〆て十助というけったいな名前の持ち主。中の「あばばの茂兵衛」という男が自慢話を始める。お玉に「誰か好きな人があるやろ?」と質問したところ、お玉は恥ずかしそうに身をくねらせて

「わたいの好きなお方というのは、あれそれそれ、真ぁ鼻の先でおますわ」と右手をスッと伸ばして茂兵衛を指さした……と仕方話をするところで、茂兵衛が伸ばした指先が隣で話を聞いていた男のほっぺたを突く。このシーンで感心するのは、茂兵衛が左前方に突き出した人差し指と、隣の男の右の頬に突き刺さる指が同じ指に見える。つまり、春團治師が突き出した指の延長線上に、春團治師のほっぺたがあるように見えるのだ。おわかりいただけるだろうか? わからなんだら、これもまた映像をご覧いただきたい。

この秘密をさぐろうと、ある時、春團治師ご自身に「あの指先はどうなっているのでしょうか?」と質問したことがある。すると、春團治師はちょっと考えて

「同じ指の延長に見えないことがある……ということは、突かれるほうの顔が動いてるのとちがいますやろか」

つまり、他の演者の場合、突き出した指を顔のほうから迎えに行っているのではないか……というのである。顔は動かさないで、指が来るのを待っていると同じ指の延長に見える……という理屈なのであるが、今のところ春團治師以外で成功例を見たことはない。

そのあと、茂兵衛はお玉の懐に手を差し入れて
「玉ちゃん。入れさせてもろてもええか」と声をかけると、お玉は身もだえしながら
「そんなこと、ええか悪いかとたずねんかとて、あんたに任した体じゃもん、どうなと信濃の善光寺さんは、阿弥陀池で御開帳があったやないかい……。フェーイ！」と叫ぶと上手に倒れてしまう。
周りの男はあきれかえって
「一人で暴れてけつかんねん。ほんで、お玉がそない言うたんかい？」とただすと
「ハハ、そらまだ言わんわ。言うたと思うて目が覚めたら夢や」と白状する。
そこへ研ぎ澄ました草刈鎌を持って踊りながら登場するのが小突きの源太という乱暴者。
「いま、そこの土橋でお玉に会うたさかい、『いやと言うたら、この鎌をおまえのどん腹へお見舞い申す』と脅かして『うん』と言わせた」と一同に報告する。「土橋」と「鎌」といえば歌舞伎でおなじみの『色彩間苅豆《いろもようちょっとかりまめ》』……『かさね』のキーワードである。ここで、原型の前半に登場する与次平が「与右衛門」のもじりで、女房の名前も「お累」という趣向が結実するわけである。
みながあきれているのを尻目に、源太は
「おいらは今晩、お玉のところへ、忍んで行くわ」と踊りながら帰って行く。

家に逃げ帰ったお玉は母親にこのことを報告。それを聞いて怒った父親が牛をお玉の寝床に寝かせたのを知らない源太が、夜這いを敢行することになるわけだ。

源太は〽テトロシャンシャン……と意味不明の歌を口ずさみながらお玉の家へやって来る。この歌は、枠にならないようにわざと間を外して歌う……と米朝師から教えていただいた。

裏の切戸が開いているのを確かめると

「玉の寝間は台所の次の間、ここから忍んで、そうじゃ、そうじゃ」と決まる。

このフレーズ、文楽の『大経師昔暦《だいきょうじむかしごよみ》』というおさん・茂兵衛のお芝居の書き換え狂言『増《ぞう》補恋八卦《ほこいばつけ》』の中で、主人公の茂兵衛が女子衆のお玉の寝間に忍んで行くシーンで「玉の寝間は台所の次の間……」と全く同じ台詞をしゃべる。「上方はなし」の古い速記によると、お玉の寝間に夜這いをかけるのは「小突きの源太」ではなく「あばばの茂兵衛」の役になっていて、茂兵衛が「そうじゃ、そうじゃ」と気取ったあと「大経師の茂兵衛みたいな気になりよって」という地の文が入る。ここにも芝居のパロディが忍ばせてあるわけだ。

源太が「そうじゃ、そうじゃ」と決まると下座でボーンと銅鑼が鳴り、『忍ぶ夜』という端唄が流れてくる。ここからは、闇の中を手探りで行く「世話だんまり」となる。姿勢を低くして、右手と左手を交互に前に出して探りながら前進するのであるが、目を細めてしばたたかせ、手の先も指を細かく上下させることで闇を探っていることを表現する。

「平泳ぎをしているように見えたらあきまへん」と春團治師はおっしゃっていた。

闇を探っている源太が突然動きを止めて「あいたっ！」と言うと顔の前で手をポンと叩き、左手で額を押さえる。なにが起こったかドキッとする瞬間だが、源太が右手で探って「えらいとこへ柱が出てけつかる」ということで、柱に頭をぶっつけたことがわかる。

さらに手探りで前進を続けると今度は障子に手が触れる。その障子をスーッと開けると下座の囃子は『とっつるがん』というゆったりとした曲に変わる。この曲は、上方落語で夜這いが始まると演奏されることになっていて、『口入屋』や『三人旅』でも使用される「夜這い行進曲」である。

ここからの動きが、この噺最大の魅力といっていい。まず、四つん這いで部屋の中に入りこんだ源太が「玉ちゃん」と名前を呼ぶと、牛が「ブルルルルル」と鼻息を荒げる。それでも源太は気がつかず「玉ちゃん、えらい鼻息やなあ」と言いつつ前進を続ける。ようやく指先が布団に届いて
「おい、玉ちゃん。今さら、布団めくったからちゅうて『キャー』てなこと言いなや」

と言いながら掛け布団の端を両手でソーッと持ち上げて背後に捨てる。そして、左右に首を振って、家人に気づかれていないかどうかの気配を探ってから、いよいよ実力行使に入る。ところが、寝ているのが牛なので何やらモワモワしたものが指先に触る。その疑問も「毛布着せて

もろとんねん」と解釈して、体をなでまわすのだが両手をグーッと一杯に広げても端がないので「寝太りかいなあ」とつぶやく。「寝太り」というのは夜睡眠に入ると体が異常に膨張する妖怪のこと。「妖怪ではないか」と疑いながらも行為を続行する源太は立派な男ではないか。

ここからの動きは、二十年以上前、春團治師にお稽古を付けてもらった落語家さん数人からうかがったお話のメモをもとにご説明しよう。

はじめにあばばの茂兵衛というノンキな男が、お玉ちゃんに吸い付け煙草をしてもらった……という夢を見た話をしている時から準備は始まっているのだという。煙草入れに使った手ぬぐいを右ひざの前に置いておくと、それが後に牛の角の片方になる。そして、源太が研ぎ澄ました鎌を「おいらは今晩、お玉のとこへ忍んで行くわ」と踊りながら立ち去った後、鎌に使った扇子を左ひざの前に座布団と平行に置く。この扇子が後に牛のしっぽになる。

そして、場面が変わって父親が牛をお玉の部屋へ引っ張って来るくだりで扇子と手ぬぐいを左ひざの前に移動させる。いよいよお玉と間違えて牛の体をまさぐるシーンとなる。まずは、闇の中を手探りでお玉の寝床にたどりつく。右手で左ひざの前に置いた扇子を拾い上げると、要のところをつまんでダラリとぶら下げると牛のしっぽになる。

しっぽをお玉のおさげ髪だと思って触っていると、うるさく感じた牛がしっぽを振って源太の額をペシリとたたく。それを春團治師は扇子を指先でクルリと回して自分の額に当てる。これが実にいい音をたてるのである。一度、勢い余って扇子が指先を離れて客席に飛んで行ったことがあるらしい。

「お客さんが拾うて返してくれはりました」と言っておられたが、安心して落語を聞いていたお客さんも、いきなり高座から扇子が飛んできたのだから、さぞかしびっくりしたことだろう。

さて、源太は牛のしっぽで額をひっぱたかれたあと、牛の糞を鬢付け油と間違うことになる。「どうも様子がおかしい」と気づいて、しっぽから頭に移動する時に右手を大きく動かす。お客の注意を右手に引き付けておいて、その間に扇子を持った左手で手ぬぐいを取って牛の角を作るのだという。

お客の目をだましてスムーズに動く、手品の要素の大きい場面なのだ。

晩年は春團治師も、このとおりの動きではなく、もっと自由に動いておられたが、昔はこのくらい徹底していたものだという。

扇子のマジックで思い出した。『親子茶屋』という落語では親旦那と若旦那が同じ座敷で「狐釣り」という目隠し鬼ごっこをして遊ぶシーンがある。目隠しのため、扇子を少し広げて額のところに当てる。これを前から見ると狐の顔に見える。このひろげ方が微妙に難しいのである。そこで春團治師は、前半に使用する扇子とは別の少ししか開かない「狐釣り」専用の扇子を背中の帯のところに挿しておいて、「狐釣り」が始まる直前に取り換えている。私自身、そのマジックに気づいたのはずいぶん後のことであった。芸の力でみごとに騙されていたのだ。
お玉だと思って牛の体をまさぐるくだりのお稽古では、近頃の若手は夜這いの経験が不足(?)で型にならないので、そんな時は春團治師みずから自宅の押し入れから掛け布団を取り出して、若手の前に自分が布団をかぶって横になり
「さ、これでぼくの体を撫でてみたまえ」と言って体験させてくれたという。親切で丁寧で誠実な教え方には教えを受けた若手が全員感動していたものだ。春團治師も
「ぼくもおぼえが悪かったから、器用にやってしまう子よりも、不器用な子のほうが時間はかかるけど、きっちりおぼえてくれるので教え甲斐がおますねん」とおっしゃっておられた。
よく見ていただくと、春團治師の体は、しっぽを探っている時は座布団の上手端に居たのが、頭に移るにつれて下手の端に移動している。枝雀落語ほど派手ではないにしても、その「行動範囲」はかなり広いと言わねばなるまい。
牛の角をつかんで「頭はどこやねん」と力任せに揺さぶると、牛は怒って「モー」と鳴く。驚いた源太はお玉の家を飛び出して、昼間いっしょだった友達の家へ転がり込んでサゲの一言になる。サゲの「モー」という一言が、単なる牛の鳴き声の真似だけでなく、色っぽい声に聞こえるのは考えすぎだろうか。

鬼あざみ

CD……ビクター落語上方篇・四代目桂文團治②（ビクター）
栄光の上方落語〔④桂文團治〕（角川書店）
ビクター落語上方篇・四代目桂文紅②（ビクター）

裏長屋に住んでいる安兵衛は、後妻のおまさと、亡くなった先妻との間にできた一人息子の清吉と三人で暮らしている。おまさは、なにくれとなく心を配っているのだが、清吉はおまさになつかず、子供ながら盗みの真似事をしている。その事実を家主から教えられた安兵衛は、清吉を堅い商家に奉公に出す。ところが、清吉は店を逐電して行方をくらましてしまう。

それから十年。安兵衛のもとを成人した清吉が立派な身なりで訪れる。最初は喜んで迎えていた安兵衛だが、清吉が分不相応な大金を持っているのに気づき、事情を聞いてみると、清吉は店を飛び出したあと本物の盗人になり、今では江戸で「鬼薊《おにあざみ》の親分」とよばれるようになっていると告白する。驚いた安兵衛が改心するように説得するが、清吉は「今では子分も大勢いる身の上なので、自分だけ足を洗うというわけにはいかない。今日は、勘当していただきに参りました」と金を差し出す。そして、清吉はそのまま姿を消す。

その後、三十二歳でお縄にかかり処刑された。辞世の歌は「武蔵野にはびこるほどの鬼薊、今日の暑さに枝葉しおるる」。

◎　◎

上方には珍しい人情噺で、筋立てとしては東京の人情噺『双蝶々《ふたつちょうちょう》』に似ているが、後半の安兵衛と清吉の再会の部分は『藪入り』に類似している。ただし、『藪入り』のほうは誤解が解けてハッピーエンドになるのだが、こちらのほうは「実は本物の盗人だった」というどんでん返しとなり、『双蝶々』と同様の悲劇的な展開となる。

鬼薊清吉という名前は河竹黙阿弥作の歌舞伎『花街《さと》模様薊色縫《もようあざみのいろぬい》』……俗に『十六夜清心《いざよいせいしん》』と呼ばれている作品の主人公の名前である。歌舞伎のほうでは鎌倉極楽寺の所化・清心が遊女・十六夜と心中しようとするが死にぞこない、鬼薊の清吉という名前で盗賊となる。モデルになったのは文化二年（一八〇五）に小塚原で処刑された鬼坊主清吉という盗賊。講談でも有名な読み物となっていた。

四代目桂文團治師が伝えていて、唯一人の弟子だった四代目桂文紅師が十八番にしていた。文團治師は講釈師をしていた時期もあり、テンポの速い、いささかせかせかした口調だったが、この噺などは淡々と語ることで、親子の情の哀しさを増幅させているように思う。

清吉が成人して帰って来たとき、安兵衛が喜んで招き入れかけて

「清吉。われ、うちへ戻って来るねやないわ。それだけ立派になったのは、みな、お家主のおかげ。お家主へ先に行って来い！」と叱りつけるが、先に家主の家に寄ったことを知って「なに？　行った？　堪忍せえ、堪忍せえ」と手のひらを返したように謝るくだり、情があって、ほほえましかった。そのあと安兵衛は
「土産もん持って行った？　よう持って行った。それで、おとっつあんの肩身が広がるねん。もの買うて行ったか？　そうか。なんぼがん（いくらぐらいのを）持って行った？」
と質問して、おまさに
「尋《たん》ねなはんな、そんなこと」とたしなめられる。
嬉しい再会を果たした安兵衛は、清吉を風呂に行かせてやる。そして、清吉の置いて行った財布を見ると大枚の金が入っている……という筋運びは『藪入り』と同様であるが、「鬼あざみ」と呼ばれる盗人であることを明かした清吉は、父母に別れを告げ、金を置いて立ち去ろうとする。安兵衛が
「言うな、清吉！　ひとさんのもの、かすめ取った金はベタ一文いらん。これ持ってとっとと出てうせえ！」と財布を叩き返す。それを聞いた清吉は、ちょっと笑い
「そういつまでも頑固に言うもんじゃございません。それではずいぶんマメでお暮しあそばせ」と言い残して、姿を消してしまう。このことを苦にして、おまさは病死。三年後に安兵衛

も越中橋から身投げをしようとしていたところ、偶然通りかかった清吉に助けられる……というストーリーになっていく。

もともとが『あざみ小僧』という講談のネタで、文團治師の口演では省略されているが、清吉が奉公先を逐電するくだりも残っていた。旦那が清吉を連れて、あるお屋敷に行ったところ、床の間にかけてあった鍾馗の掛け軸の前に鬼薊が活けてあるのを見て「おのれやれ花なればこそいけておく、鍾馗の前に鬼薊とは」と狂歌を詠む。つまり、鬼を退治する鍾馗の前に、鬼薊を活けるとは……というシャレである。一同感心したが、旦那は店に帰ってから「こんな子供を置いておくのは末恐ろしい」と思って暇を出してしまう。清吉が「鬼薊」と名乗るようになったいきさつを描いた『鬼薊花活け』という噺で、二代目桂三木助師が得意にしていたと聞いている。

染丸さんが、この噺に『双蝶々』の要素を採り入れて独自の『鬼あざみ』にまとめあげたことがある。一度しか口演されていなかったが、近年、門人の染吉さんが染丸版を受け継いで演じるようになった。

もうひとつのストーリーは、笑芸作家の香川登枝緒先生から教えていただいた。

目端のきく有能な丁稚として重宝がられていた清吉は、ある日、お使いの帰り道、近道を取って寂しい神社の境内を抜けようとする。すると、数人の人相の悪い男たちが集まって押し込みをする相談をしている。立ち聞きしてみると、どうやら狙われているのは自分の店のようである。驚いたはずみに音を立ててしまい、清吉は泥棒たちに捕らわれてしまう。清吉は「自分は泥棒に憧れている。仲間に入れてくれるのなら、今夜、うちの店の蔵の錠を開けておく」と持ち掛ける。清吉の言葉にのった泥棒たちは、その夜、清吉の勤める店に入り込み、まんまと蔵の中に入ることができる。喜んでいると、蔵の戸が閉まり、泥棒たちは閉じ込められてしまう。これはすべて清吉の策略で、みごと泥棒を一網打尽にする。その翌日、番頭が旦那に「清吉は立派なやつです」と褒めると、旦那は「あの知恵は空恐ろしい。実はここへ来る前には手の付けられん悪い子やったんや」と語る。その会話を偶然お茶を持って来て障子の外で立ち聞きした清吉は「どれだけ真面目になっても、昔のことで計られるのが人間の常」と悟り、その場から姿を消してしまう。

このくだりを入れて「通し狂言」として復活して南光さんに演じてもらったこともあった。再会したあと、飛び出した清吉の後をおまさが追って行くと、物陰から姿を現した清吉は「あんたに、おとっつあんを取られたような気がしたんや」と詫び、おりからのにわか雨の水煙の中に姿を消して行く……という映画風のラストにしてみた。

この噺の演者としては、南光さん、そしてその門人の南天さん、吉朝門下の吉の丞さんが居る。桂米之助師が一九六二年に「三越落語会」で上演したという記録が残っているが、私は聞いたことがない。

また、一九八九年一〇月一三日に京都の安井金比羅会館で開かれた「桂米朝落語研究会」では南光さんが現在演じられているところまでを（上）として演じ、米朝師が講談の「島抜け」の部分を（下）としてリレーで演じたこともあった。

文紅師は文團治師ほどの早口ではなかったが、訥々とした語り口がかえって説得力を増していて、ことに晩年などは得難い味わいになっていた。また、笑福亭鶴瓶さんが落語に回帰して来た当時、いろいろと文紅師に相談にのってもらっていた。

若かりし頃の文紅師は作家としても活躍していた。ペンネームが「青井竿竹」。名は体を表すというが、そのとおりの背の高い痩せたお人であった。色が黒かったので、自称「エッチョピアの煙突掃除」。「エッチョピア」というのはアフリカの国名「エチオピア」のこと。せっかちな大阪人は、ちょっとはずんで「エッチョピア」と発音していた。東京オリンピックでアベベというエチオピアのマラソン選手が裸足で完走して話題となり、「エチオピア」が有名になった時期に付けたのだと推測する。

新作落語もいろいろ作っていて、現在演じられている『ぜんざい公社』の「当方は役所です。甘い汁は先に吸うております」という辛辣なサゲも文紅師の作である。

また、「大喜利」にも才能があり、一九六五年から関西テレビで放映されていた『お笑いとんち袋』という、いまの『笑点』のような大喜利番組のメンバーとして活躍していた。米朝師が司会者で、ほかの回答者には「我太呂」といっていた先代文我師、「小春團治」時代の露の五郎兵衛師、笑福亭松之助師、先代桂米紫師、「小米」時代の枝雀さん、「朝丸」時代のざこばさん、「おんな放談」の吾妻ひな子師という顔ぶれだった。

謎かけや小咄、替え歌、やりくり川柳などを演じるのだが、回答者には「ボケ役」や「つっこみ役」、時間稼ぎにわざとクドクドと質問して司会者にからむ役（ひな子師が担当していた）などの役割分担があったらしいが、文紅師の役回りはシャレた答えで感心させる「知性派」の役。台本や仕込みのない、ガチの大喜利だったため、ずいぶん大変だったようだ。

「みなで、いろいろと延ばしてくれてる間に、シャレた答えを作らなあきまへんねん。ほんま、プレッシャーでしたで」とぼやいておられた。

替え歌の名作も多く作っているし、現在、「大喜利」のネタとして演じられているものにも、文紅さんのアイデアによるものがたくさんあるという。

晩年には正岡子規の一代記を義太夫の台本として書いている。落語家だけでなく、作者としても才能のあるお人だった。

貝野村

速記……上方落語（⑤笑福亭松鶴）（講談社）
CD……ビクター落語上方篇・六代目笑福亭松鶴①（ビクター）
NHK落語名人選㉕二代目三遊亭百生（NHK）
落語昭和の名人完結編㉓二代目桂小南（小学館）

船場の大きな商家の若旦那、丹波の貝野村から行儀見習いの奉公に来ているおもよという美人の女子衆《おなごし》と恋仲になる。ある時、若旦那が商用で二か月ほど九州に出張している間に、おもよは母親が病気になったため貝野村に呼び戻されてしまう。若旦那が帰坂すると、おもよが居なくなっていて、かわりに名前は同じ「おもよ」だけれど、かなり個性的な容貌の女子衆が現れたので、ショックを受けた若旦那はどっと病の床に就いてしまう。

病の原因がおもよへの恋だと判ったので、両親はおもよを迎えに出入りの甚平を貝野村までやったところ、こちらも恋患いで寝込んでいた。早速、おもよを駕籠に乗せて船場まで連れて帰り、若旦那と再会させると二人の病は一時に全快。めでたく婚礼を上げることになる。

おもよの実家は貝野村の庄屋なので、ただただ嫁にやるというわけにはいかない。まず形式的に貝野村で婿入りの儀式を済ませたあと、改めて大坂に嫁入りすることになる。貝野村で婿入りを終えた翌朝、若旦那が洗顔しょうと「手水を回してくれ」と言いつけたところ、「ちょうず」を「長頭」と勘違いして、市兵衛という五尺の手ぬぐいで頬かむりができないほどの長い頭の持ち主を隣村から呼んでくる。若旦那の座敷に行った市兵衛は「長頭」をグルグルと回したものだから、若旦那夫婦はあきれて大坂に帰ってしまう。

「ちょうず」が長い頭のことでないことを悟った庄屋は料理人の喜助を供に大坂の宿屋を訪れて「ちょうず」を注文してみることにする。一泊した翌朝、「ちょうず」を頼むと宿屋の女子衆が洗面用の湯を入れた金盥と、歯磨き用の房楊枝と塩、歯磨き粉を載せたお盆を運んでくる。それを見た喜助が「これは飲み物です」と言ったものだから、二人は必死になって金盥の湯を飲み干す。そこへ、女子衆がもう一つ洗面セットを持って来るので、驚いた庄屋が「もう一人前は、お昼からいただきます」

◎　◎

現在はほとんど後半の部分だけを独立させて『手水まわし』というタイトルで口演されている。通して演じたのは六代目笑福亭松鶴師がNHKラジオで放送したのを一度聴いたきりである。その高座は六四年八月に大阪市の日立サルーンで収録したもので、**ビクター落語上方篇・六代目笑福亭松鶴**①に収められているが、前半の恋物語と後半のナンセンスな展開が、まさに「木に竹を接いだ」の典型であったことを記憶している。マクラの部分で女性の尻のことを

「おいしき」と最上級の上品な言葉で表現しているのがおもしろい。

CDとしては**落語昭和の名人完結編㉓**に二代目桂小南師のものも残っている。

小南師は一九二〇年、京都府の生まれ。三九年に三代目三遊亭金馬師のもとに入門して、「山遊亭金太郎」と名付けられた。軍隊生活を経て、終戦後に落語界に復帰。訛りが抜けないというので、桂小文治師の身内として預けられ上方落語を演じることになる。五八年に八代目桂文楽師の師匠の名前である「小南」の二代目を襲名。九六年五月に七十六歳で没している。

戦後、東京の寄席で上方落語を演じていたのは桂小文治師と三遊亭百生師、そして二代目小南師匠の三人だったが、私が生で高座に接することができたのは小南師だけだった。小文治師と同じく、東京のお客様にもよくわかるようにと、純粋の大阪弁ではなく「えー、上方落語でございましてナ」というような独特の「小南弁」とでもいう言葉で高座を勤めていた。寄席では『代書』や『ふぐ鍋』を聞いたが、大阪人の私が聞くと実に不自然な感じがしたものであった。

しかし、それはいつも寄席で演りなれていたネタに限ってのことではないかと思う。京都の落語会で『借家怪談』を三十分以上かけて本来のサゲまで演じたときは、ちゃんとした上方言葉で通していた。京都という場所で演じたから……というだけでなく、いつも口慣れていないネタだったために、原型により忠実な型を保存していたのではないかと想像する。

この『貝野村』は、わりあい得意として演じていたようなので小南弁の香りが濃厚なのだが、今となって聴きなおしてみると、東京で上方落語を看板に孤軍奮闘している苦心の跡がよくわかる。上方落語が復活して、本場の上方落語が東京でも頻繁に聞けるようになったのは、つい最近のことであることを思うと、その努力には頭が下がる。

百生師のこの噺は「二代目三遊亭百生」（キャニオン）というLPレコードによる全集の第二集に収められている。甚平が母屋に呼ばれて若旦那の恋患いを告げられるという『崇徳院』と同じようなシーンから始まっている。レコードのほうはサゲまでちゃんと収められているが、CDの**NHK落語名人選**には同じ音源と思われる高座が収められているのだが、甚平がおもよを駕籠に乗せて走りに走って船場まで連れて戻り、若旦那の枕元におもよが座って顔を合わせ、「『おもよか』『若旦那』……。チョーンとここでお芝居やったら、ちょうど柝頭が入って回り舞台になるところでございます」というところで突然プツリと終わっている。おそらく一枚のCDに『天王寺詣り』と『船弁慶』といっしょに入れるための編集だろうが、ちょっと乱暴なカットである。

後半の『手水廻し』のくだりだけを独立して演じる場合は、庄屋の家での話ではなく、宿屋でのエピソードになっている。一泊した大坂の客が翌朝に「手水を回してくれ」と注文するので、意味がわからない宿屋の主人が物識りの和尚に問い合わせる。あとは同じはこびになる。

最近はこの簡略化した型で口演されるケースが主であるが、頭の長い「外法《げほう》の市兵衛」のことを「五尺の手ぬぐいで頰かぶりができない」と表現するのが古くからのお約束なのだが、いつのころからか「三尺の手ぬぐいで頰かぶりができない」と間違って伝えられているのは困ったことだ。三尺といったら一メートルの現在使用されているごく普通のサイズの手ぬぐいで、一般の人でもちょっと面長な人なら頰かむりは難しい。

江戸時代には歌舞伎や日本舞踊で使用される四尺のものより長い五尺の手ぬぐいが実際に存在したようだ。一説によると男性から女性へ求婚する時に五尺の手ぬぐいをプレゼントしたというから儀式的な意味のある特殊な品物だったのかもしれない。その五尺の手ぬぐいで頰かむりができないからこそ「長い！」ということになるわけである。

ちなみに、**ビクター落語上方篇・六代目笑福亭松鶴**①では、ちゃんと「五尺」と言っているが、**六代目松鶴上方はなし**の『ちょうず廻し』では「二尺の手ぬぐいで頰かぶりができん」と言っている。これは明らかな言い間違い。二尺では丸顔の人でも頰かむりはできまい。ここまではっきり間違うと、かえってほほえましいくらいだ。

掛取り

速記……米朝落語全集増補改訂版②（創元社）
上方落語〔⑥笑福亭松鶴〕（講談社）
CD……ビクター落語上方篇・初代橘ノ圓都②（ビクター）
昭和の名人完結編㉒・橘ノ圓都（小学館）
桂米朝上方落語大全集Ⅲ⑦（EMI）
桂小米朝落語の世界④（EMI）
DVD…蔵出し！ 米朝全集（EMI）

今日は大晦日。次々と訪れる掛取り（借金取り）を、それぞれの好きなものの話題で断りを言おうと試みる。相撲の好きな掛取りには力士のしこ名や相撲用語のシャレで断り、歌舞伎の好きな醤油屋には歌舞伎の台詞で断りを言う。義太夫好きには義太夫を語り、喧嘩の好きな酒屋には喧嘩腰で断るという塩梅で、なんとか切り抜けて、めでたく新年を迎える。

◎　◎

いかに借金取りを気持ち良く撃退するかが唯一のテーマになっている噺である。このアイデアをひねりだした主人公は、その根拠として「好きなものには心を奪われる」という慣用句を口にするのであるが、この言葉、この噺のほかでは聞いたことがない。ひょっとしたら、この噺を成立させるために創られたフレーズではないか……とさえ疑いたくなる。

噺で採り上げられる「好きな物」は演者によって一定しない。というより、演者が自分の好きな趣向で断りを言うのがお約束なので、お手本をそのままなぞって演じればよいという種類の噺ではないのだ。

米朝師は相撲好きの八百屋、歌舞伎好きの醬油屋、喧嘩好きの酒屋に駄洒落好きの米屋の幸兵衛さん……これも「しゃれこうべえ」のシャレである……というメンバー。相撲好きは力士のしこ名や決まり手などのシャレで応対する。ただし、力士の名前を時代によって次々と入れ替えなくていけないのが大変なので、ある時期からほとんど高座にかけなくなった。

歌舞伎好きの醬油屋は、主人公の「お入《い》りーい」という声を聞いて「上使《じょうし》」になることを決める。「上使」とは宮廷や将軍のような上つ方からの使者のこと。素襖《すおう》という大きな袖の礼服を着て登場する。持っていた一反風呂敷をその大きな袖に見立てて身にまとい、矢立を中啓という大きな扇子にしてどぶ板を花道と思って登場する。

演者の心得としては、一度目の「お入りーい」は語尾を下げて言い、醬油屋が上使の扮装をしたあと、二度目に言う「お入りーいぃ」は語尾を上げて下座へのきっかけの台詞として言う。それを受けて、下座からは『中の舞』という囃子が入り、醬油屋は悠々と長屋の路地を通り主人公の家の前に立つ。

主人公は戸口に立った醬油屋に

「そこはどぶ板。いざまずあれへお通りくだされ」と声をかけると、醬油屋、興にのって

「掛取りならばまかりとおる。正座御免《しょうざごめん》」と言うと、再び『中の舞』になる。主人公が家の中へ入って来て座敷の奥に通る醬油屋の動きを、手を前についたまま、視線を上手から下手に移動させることで表現する。

醬油屋が正座に座ると、主人公は訪問の理由を尋ねる。それに答えて醬油屋は、威儀を正して語りはじめる。

「掛取りの趣、余の儀にあらず。謹んで承れ」と言うと、主人公は「ははーっ」と平伏。下座からドンドンという大太鼓の音が鳴って『楽《がく》』という曲が入る。

「月々たまる、味噌醬油の代金。溜り溜まって二十三円六十五銭」などと実に所帯じみた請求になる。主人公が「その言い訳に」と扇子を渡すと、そこには近江八景を読み込んだ和歌が書いてある。醬油屋が

「こりゃこれ近江八景の歌。この歌もって言い訳とは?」と質すと、『世話の合方』という曲になり、近江八景をおりこんだ言い訳の台詞になる。

「心矢橋（やばせ）にはやれども、頼む方さえ堅田より（片便り）……」という調子で断りを言うのであるが、現・桂米團治さんは地方に行くと、その土地の地名や名物をおりこんだ台詞を披露し、地元のお客様から喝采を受けることになっている。

そのあと、どうやら支払いは来年の秋になるようなので、醬油屋があきれて

「九月下旬か」と言うと、主人公はそれにかぶせて
「ゴンと打ち出す三井寺の鐘を合図に」とたたみこむと、醬油屋もしょうことなしに
「きっと勘定いたすと申すか」と受ける。主人公は声を張って
「まずそれまではお掛取りさま」
「この家の主《あるじ》」
「明春お目に」と言うと、下座でドラがボーンと入り、醬油屋は
「かかるでござろう」と言う。下座から〽こぉーころ残して……と高い声で歌いだす『甲唄』という歌と風音が入り、その曲を聴きながら醬油屋は「わかったわかった。心得ておる。わしに任せておきなさい」という心持で胸に手を当て、うなずきながら元のどぶ板の花道を去って行く。まさに歌舞伎の名場面のダイジェスト版で、醬油屋は情け深い上使の役になりきって気分よく帰って行ったわけである。
六代目松鶴師の高座では『借金取り撃退法』と題して狂歌好きの家主と喧嘩好きの炭屋がやってくる。演芸場などで演じるため、下座の入らない簡略型である。
橘ノ圓都師は義太夫と『新かまやせん節』という流行唄《はやり》。喧嘩好きが入って来て、『大津絵』、おしまいにはシャレ好きの幸兵衛さんが登場する。
古い型では『源氏節』という幕末から明治にかけて大流行した音曲が好きな掛取りがやって

来るというのもあったようで、主人公が〽ちょいとあなたに五十銭借りて……と歌うと掛取りが〽返せ戻せや一の谷。平山まなこで睨んでも……と請求するというやりとりがあったようだ。下座三味線の林家トミ師がお弟子さん（おそらく池中スエ師）に教えているテープが残っている。熊谷次郎直実が一の谷の合戦で平敦盛を呼び返す場面を歌っていて、その様子を目撃していたのが平山武者所季重《ひらやまのむしやどころすえしげ》という源氏の侍だったので「平山まなこ」というわけだ。

米朝師に教えていただいたのだが、橘家圓太郎という人……おそらく五代目圓太郎師が演じていたという古い型では、歌舞伎のあとに「からくり人形」が好きな掛取りが登場する。古い江戸時代の興行番付を見ていると、ゼンマイ仕掛けのからくり人形による芝居が上演されていたことがあった。さまざまな動きを見せたあと、口上言いが「これすなわち、ゼンマイの仕掛け」というのが切口上だったという。

主人公がその口上の口調を真似て断りを言うという趣向になっている。掛取りが口上に釣られて、人形の真似をしはじめる。

「東西！　この帳面に棒を引いてご覧にいれます」と言うと掛取りは『しころ』という陽気な囃子にのって人形の動きで自分の持って来た帳面に我が手で線を引く。続けて

「もと来た道へ一散走り！」と言うと、掛取りは『いだてん』という走る場面に使われる囃子にのって走りながら帰って行く。それを見送った主人公が

「これすなわちゼンナイ（銭無い）の仕掛け」というのがサゲになっている。

東京に目を移すと六代目三遊亭圓生師は、狂歌好きの家主、喧嘩好きの魚屋、義太夫好きの大阪屋の旦那、芝居好きの酒屋の番頭、最後に三河万歳が好きな三河屋の旦那がやって来て万歳の文句でサゲになる『掛取り万歳』と呼ばれる型。

六代目春風亭柳橋師は野球の好きな米屋を登場させて、慶応大学の応援歌〽若き血に燃ゆる者、光輝みてる我ら（中略）慶応慶応、陸の王者慶応……というのを米屋に〽ばかにしやがるな、年も暮れる晦日（中略）くれろー、くれろー、びっくりしねえでくれろー。くれくれろ、くれろ、くれくれろ、くれくれくれーっ……と催促すると、主人公は早稲田大学の応援歌〽都の西北早稲田の森に（中略）早稲田早稲田、早稲田早稲田、早稲田早稲田早稲田……をもじって〽晦日の催促、ダメだよ金は（中略）だめだだめだ、だめだだめだ、だめだだめだだめだ……と答える。ついには集金をあきらめた掛取りが「蛍の光」の替え歌で〽ことしの勘定は待ってあげましょ。掛取り風景もこれで終わります。どうぞ皆さまお元気で、お迎えください、よいお年を……と歌ってめでたく終わる。

この歌の系譜を今に受け継いでいるのが現・柳亭市馬さん。ご存じのとおり三橋美智也さんの歌のメドレーで督促と断りを演じてのける。寄席のネタ帳には『掛取り美智也』と表記されているとうかがった。

上方も負けていない。クラシック通で「モーツアルトの生まれ変わり」を自認している米團治さんは、クラシック好きの洋服屋に『小夜曲』や『フィガロの結婚』のアリア『もう飛ぶまいぞこの蝶々』を歌わせる。そして

「アレグロの金はたいしたことないと思うてましたんやけど、今年はショパンの事情がありまして……」などと作曲家名や音楽用語を散りばめた言い訳を始める。

そのほか、桂千朝さんは動物好きの掛取りを登場させて

「はい。いいええな（ハイエナ）。こないだうちから、拍子の悪いことがメジロ押しに起こりましてなあ。いろんなお金が要り（イリ）オモテヤマネコ……」などと「動物づくし」の言い訳をするし、当代の米紫さんは落語好きの掛取りが「落語家の名前づくし」を聞かせてくれる。みんな、いろいろと工夫してるんやねえ……としきりに感心していたら、いつも沈着冷静な桂九雀さんがこうおっしゃった。

「けど、この人たち、『クラシックや動物や落語家が好き』というより、ただただ『ダジャレが好き』と言うたほうがええんとちゃいますか？」

……うーん、それを言っちゃあおしまいよ。

軽業

速記……上方落語（⑤笑福亭松鶴）（講談社）
米朝落語全集増補改訂版②（創元社）
CD……ビクター落語上方篇・六代目笑福亭松鶴④（ビクター）
六代目笑福亭松鶴上方はなし（ビクター）
桂米朝上方落語大全集Ⅰ④（EMI）
特選!! 米朝落語全集⑳（EMI）
桂米朝上方落語選集・旅のはなし（EMI）
DVD…特選!! 米朝落語全集⑲（EMI）

伊勢詣りに行く途中の喜六と清八。白髭大明神という神社で祭礼があるというので見物して行くことにする。境内に入ると怪しげな見世物が軒を並べており、何軒も騙されたあと軽業小屋に入る。いよいよ幕が開いて軽業師が登場。綱渡りの妙技を披露するが、途中で足を踏み外して墜落してしまう。軽業師が「頭が痛い。腰も痛い。足も痛い」といろんなところの痛みを訴えるので「いったいどこが痛いねん？」とたずねると、軽業師「かるわざ（体）中が痛い」

◎　◎

軽業師が墜落したあとも、口上言いが口上をしゃべり続けているので、お客が「いつまで口上言うてんねん。太夫さん、大けがしてるやないかい」と注意すると、口上言い「ああ、長口上は大けがのもとや」……というサゲもある。「生兵法は大けがのもと」のシャレである。

いまひとつ
「落ちるのは当たり前。表に高札が出ております」というのもあるが、これはわかりにくい。軽業小屋の表に出ている看板が高い所に揚げられているのを高札と見立て、入札の時に高い金額の札のところに落ちることを掛けて「高札に落ちるのは当たり前」というシャレだ。

ストーリーやサゲよりも、祭礼の見世物小屋と軽業のスケッチが主になっている「見せる落語」である。

客引きが「一間《いっけん》の大いたち。山からとりたて。そばへ寄ったら危ない」というから巨大なイタチが暴れているのかと思って中に入ってみたら、壁に一間の長さの板が立てかけてあって、その板の真ん中に血が付いているので「一間の板血」。「そばへ寄ったら危ない」のは倒れてくるかもしれないので危ないという意味だったことがわかる。そんな騙しものの見世物小屋を出て神社の裏手へまわると、軽業の小屋がある。

「表には十二枚の絵看板。まず式三番叟には菖蒲《あやめ》渡り、四つ綱渡り、乱杭渡り、火渡り、石橋《しやっきょう》は獅子の飛びつき、一本竹に二丁撞木。真ん中には大きいに葛の葉の障子抜けの絵が描いてございます」と落語家は描写する。

「四つ綱渡り」というのは綱渡りの一種で、客席の上に二本の綱を交差させて張り、その交差点のところでさまざまな芸当を見せる芸。

「乱杭渡り」とは背の高さの違う杭を並べておいて、その杭の上をポンポンと飛んで歩く芸。「一本竹」は肩に竹の竿を立てて、その上で「上乗り」と呼ばれる身の軽い曲芸師がいろんな型をして見せる芸。

「二丁撞木」の「撞木」とは空中ブランコのことのようだ。「二丁」というところから想像するに、二つのブランコを使って演じる芸当のようである。

「葛の葉の障子抜け」というのは、両足で障子を差し上げた上に「上乗り」が乗って歌舞伎の『芦屋道満大内鑑《あしやどうまんおおうちかがみ》』葛の葉の子別れの趣向で障子に別れの歌を下から上に書いたり、筆を口にくわえて書いたりする。そして、最後に障子を突き破ると、衣装が仕掛けで一瞬のうちに女形から狐の着ぐるみに替わるという芸当。昔、木下サーカスで見た時は、この芸当を足の上ではなく綱の上で演じていたと記憶する。

全くの余談であるが、七代目笑福亭松鶴を追贈された笑福亭松葉さんは端正な芸の持ち主で、この『軽業』も得意にしてよく演じていた。そんな松葉さんがある時

「真ん中には大きいに葛の葉の拍子抜けの絵が描いてございます」とうっかり言ってしまった。「拍子抜け」とは、どんな芸当なのだろうか。綱の上で葛の葉の扮装をした軽業師が呆然と立っているシーンが浮かんで、ひとり笑ってしまった。

いよいよ綱渡りが始まって、軽業師の和矢竹野良一《わやたけのらいち》がさまざまな芸当を披露する。ここで落

語家は閉じたままの扇子を左手で水平に持って綱に見立て、その上に軽業師の両足に見立てた右手の人差し指と中指を動かして、どんな芸なのかを表現する。例えば「野中に立った一本杉」と言うと、人差し指を折り曲げて片足で立っている様子を見せる。「邯鄲は夢の手枕」では、指を扇子の上にピタリと寝かして、綱の上で横になっているさまを描写する。この指の遣い方を、「上方はなし」ではイラスト入りで見せている。

このように視覚に訴える噺なのでラジオでの放送は難しいがそれに挑戦した企画があった。一九七二年一一月二八日に大阪難波の高島屋ホールで開かれた第四十八回「上方落語を聞く会」では、『東の旅』を通して上演した。プログラムを紹介すると、『旅立ち』べかこ(現・南光)→『軽業』松之助→『煮売屋』文紅→『七度狐』仁鶴→『矢走船《やばせぶね》』小米(後の枝雀)→『宿屋町』三代目文我→『三十石』六代目松鶴→『宿屋仇』米朝……というラインナップで、五郎(後の五郎兵衛)師が全体の「解説」を勤めている。

この時に演じられた『軽業』ではラジオ放送用に高座で綱渡りの模様を演じている松之助師の動きを五郎師が舞台下手に立っていちいち実況中継するという演出を取った。「扇子の上に指を立てて、綱渡りの足元を見せております。まさに稚気あふれる高座で……」などと説明しているうちに、五郎師も松之助師もふと我に返って、自分たちがやっていることがバカバカしくなったのであろう。噺の途中でお互いに顔を見合わせると噴き出してしまった。

この時の高座は「上方落語大全集・東の旅」(テイチク)というレコードに収められているのだが、野良一の登場するところからいきなり「さて、さて、さてさてさて、さて錆びたりな赤鰯」という綱渡りの口上に飛んでしまっており、肝心の噴き出しているシーンはごっそりとカットされてしまっている。ライブ録音のおもしろさは格段に下がってしまっているのが残念だ。余談ではあるが、この時、なぜか松之助師は着物の下にワイシャツを着てネクタイを締めて登場したのをおぼえている。

この噺の録音としては**ビクター落語上方篇・六代目笑福亭松鶴④**におさめられている高座がすばらしい。境内の賑やかな風景のバックに流れている曲が、いつもの三味線入りの『神楽』ではなく鳴物だけの『湯立て神楽』になっているのが珍しい。芸の決め決めに入る「はっ!」という掛け声の勢いの良さなどは他の追随を許さないものだった。ご本人もこの噺は大事にしておられたようで、現・染丸さんが教えを受けたときには、五代目笑福亭松喬が二代目林家染丸になった親戚筋ということもあって、とても丁寧に稽古してくれたという。

この軽業小屋の隣に講釈の小屋があって、講釈師が軽業小屋のお囃子に負けないようにと大声を張り上げる『軽業講釈』という噺もあり、CDは「ビクター落語上方落語篇・五代目桂文枝⑤」とDVDは「五代目桂文枝」(吉本興業)に収められている。

お囃子がふんだんに入るいかにも上方らしい噺で、地方で演じると喜ばれるという。桂吉弥

さんが若手のころ、上野鈴本演芸場の「米朝一門会」の前座で出演したことがあるという。そのとき、米朝師が吉弥さんに

「今日のお客には『軽業』がええと思う」とおっしゃったのだそうだ。吉弥さんにしてみたら、もっとわかりやすい前座噺を演じようと思っていたのだが、主命はもだしがたし。久しぶりに演じることもあって、楽屋を飛び出して不忍池の周りをグルグルと歩きながらネタを繰って高座に上がった。吉弥さんの証言によると

「『軽業』で、あんなにウケたのは初めてでした。高座から降りて米朝師匠のところへ『お先でございました』と挨拶に行くと、米朝師匠も『な？　受けるやろ』というお顔をしてはりました」

これは成功例だが、地方公演の演目に『軽業』を出し、

本日の演目……落語『軽業』　桂　〇〇

と表示してもらうよう主催者に連絡しておいたところ、当日、現地へ行ってポスターを見て驚いた。そこには、こう書いてあった。

本日の演目……『落語と軽業』　桂　〇〇

こう書かれた落語家さん、ホールの楽屋で玉乗りの稽古をはじめました……とさ。

近日息子

速記……初代桂春団治落語集（講談社）
CD……二代目桂春團治ライブ十番⑤（ビクター）
春團治三代初代春團治㉑（クラウン）

ひとり息子が頼りなくて近所の笑いものになっているのを気にしている父親。息子が「明日から芝居が始まります」と言ったのを信じて道頓堀に行ったところ、どこもやっていない。息子に問いただすと「表に『近日』と書いてありました。今日の一番近い日は明日です」と答えるので「あれは『近日ビラ』というて、お客の気を引くために『近いうちにやります』と書いてあるんや。人間、なんでも『先繰《さきぐ》り機転』というて気を走らさないかんぞ」と教える。父親が軽い気持ちで『腹具合が悪い』と言うと、息子は表へ飛び出して行って大学病院の博士を連れて帰って来る。博士が診断したところ、どこも悪いところがないので首を傾げたのを見て「これは重病だ」と気を走らせて再び表へ飛び出すと棺桶を買って戻って来る。その様子を見ていた町内の連中は、てっきり父親が頓死したのだと思って次々と悔やみにやって来る。父親が腹を立てて町内の人に「あんたらは恨みでもあるのか！」と言うと、家の表に大きな忌札《いみふだ》が貼ってあるとのこと。あきれた父親が息子を叱ると、息子は「町内の人はものを知らんあわて者や」と言う。その理由をたずねると「そうかて、忌札の肩に『近日』としておます」

◎　◎

現代でも映画の予告編を見ていると「近日公開！」などという字幕を見ることがある。そのもとになったのが、芝居の「近日ビラ」なのである。噺全体としては、アホな息子のエピソードを描いているのであるが、この噺のクライマックスは実は別のところにある。

父親が亡くなったと信じきった町内の連中が集まって相談していると、中にひとり何かと言い間違いをしては周りをイラッとさせる男が登場する。みんなが「挨拶に行かなあきまへんな」と騒いでいると、その男がしゃしゃり出てきて

「ことによったら、ここの親父っさん、あれで死んだんやおまへんか。達者な者でもコロッと死んでまう……。そう、『イチコロ』」

これを耳にした別の男、以前から腹に据えかねていたとみえて、ついにキレてしまう。

「それはトンコレラ……『トンコロ』や！　あんた、ちょいちょいおかしなこと言うてまっせ。いっぺんも出雲屋（鰻屋）の二階で、手ぇたたいて仲居はん呼んで『おーい。早幕で寝間着持って来て』て言いなはったやろ。仲居が『寝間着やおまへんやろ、そら鰻巻《うまき》だっしゃろ』ちゅうたら、あんた、なんて言いなはった。『なんや知らんけど、ぬくいやつ』……あんた、スカ

タンなこと言うてるで。いっぺんも坂町の夜店冷やかしたおりも、わしが植木屋に『この蔦なんぼや?』ちゅうたら『五円五十銭』て言いよったさかい、『こんなもんが五円五十銭やなんて、ちゃんちゃらおかしいわ』て言うたら、あんた横手から『ははーん、テンプラ食いたいか』。どこぞの世界に『ちゃんちゃらおかしい』と『テンプラ食いたい』を間違える奴いてまんねん」

想い出をしゃべっているうちに、どんどん怒りに火が点いてきて

「洋食屋でビステキの焼いたん前に置いて、あんた『ホース持って来い』ちゅうたもんでっさかい、表で水撒いてた若い衆がホースを店の中へ向けよったんや。気の毒なんは窓のきわでオムレツ食べてはったお婆さん。頭にひっつけてた髷にホースの水がビューッといったもんやさかい、丸髷の型がポーンと飛んで、隣の学校で子供がベースボールしてたとこへ行ったもんやさかい、子供が鞠と間違えてポーンと打ってしもうた。お婆さん、『髷なしでいなれへん』ちゅうさかい、わい、ちょうどマルキのアンパン持ってたさかい、お婆さんの頭の上へのせたげた。お婆さん、パン屋の広告みたいになっていんでしまいはったん。その時に洋食屋の親父さんが出て来てなんて言いよった? 『兄さん、もの言うのはちいと気ぃつけとくなはれ。どこぞの世界にソースとホースを間違う人がおますかいな』ちゅうたら、あんたなんて言うた?『ホースもソースも焼いたもんにかける』。あんた、あとの理屈がおもしろいわ!」

このあたりのナンセンスぶりは、この噺を得意にしていた初代桂春團治師がプラスしたように思えてしようがない。今では爆笑ネタの代表作となっている『阿弥陀池』も、桂文屋という人が明治時代に創った新作落語だが、原作にギャグをふんだんに放り込んで現在の型にしたのは初代春團治師ときいた。

余談であるが「ビステキ」とは「ビーフステーキ」の略。昔の人は「ビフテキ」ではなく「ビステキ」と発音していた。読んだ文字より、聞いた発音に従っていたのであろう。初代は駅のことを「ステーション」ではなく「ステンショ」と発音しておられた。

この噺を得意にしておられるのが、笑福亭福笑さん、笑福亭呂鶴さん。亡くなられた露の五郎兵衛師や雀松時代の桂文之助さんも得意にしておられた。いずれもこのスカタンな男の言い間違いを町内の連中が非難するくだりが山場になっていた。ことに呂鶴さんは、非難している男の怒りの大きさを表現するのに、高座の上に立ち上がって「知らんちゅうんやったら、言うたろか！」と突っ込みを入れる演出を見せたことがある。

いよいよ悔やみを言いに行くことになって、誰を代表にするかで相談する。

「こういう悔やみてなもんは、弁の立つ人がいかなあきまへん」と言うと、ある男が「はい」と手を挙げる。

「あんた、ただでさえ口がまわれへんのに、弁が立ちますか？」

「立ちます。立ちましてん」

「それ、どういうことです？」

「いいええな、今朝ほど長屋の共同便所で用を足して、下を見たら……」

「ちがうちがう。その『ベン』とはちがいますねん」

……六代目笑福亭松鶴師が聞かせてくれた絶妙のクスグリである。六代目はちょいちょい、こんな不思議なギャグを聞かせてくれたものだ。

初代と二代目の春團治師はサゲを「『近日より』としてございます」という型で演じていたが、ある時、米朝師が
「近日ビラは『近日』としか書いてなかったもんや」と教えてくださったので、この本ではそちらの表記に従った。いずれ専門家に「近日ビラ」の形式について確かめてみたいと思っている。

蔵丁稚

速記……上方落語〔⑥笑福亭松鶴〕（講談社）
桂米朝コレクション⑦（ちくま文庫）
米朝落語全集増補改訂版③（創元社）
桂枝雀爆笑コレクション③（ちくま文庫）
CD……特選!! 米朝落語全集㊵（EMI）
桂米朝上方落語大全集Ⅱ⑦（EMI）
枝雀落語大全㉘（EMI）
六世松鶴極つき十三夜（ビクター）
桂文珍②（ソニー）
ビクター落語上方篇・七代目笑福亭松鶴③（ビクター）
昭和戦前面白落語全集―上方篇〔②桂三木助『丁稚芝居』〕（エニー）
DVD…枝雀落語大全⑭（EMI）
ほんまにとっておき米朝噺し（EMI）
桂文珍大東京独演会（ソニー）

いつも仕事をサボっては芝居見物をしている丁稚の定吉。今日も船場から島之内までお使いに出かけたついで（?）に道頓堀で芝居見物して夕方に店に戻って来る。はじめは「芝居には行ってません」と言っていた定吉だが、旦那の計略にはまって白状してしまい、怒った旦那に三番蔵へ軟禁されてしまう。最初のうちは「ごはんを食べていないので腹が減った」と訴えていた定吉だが、気を紛らせたら空腹を忘れることができるだろう……と、蔵の中で旦那の義太夫の肩衣を身にまとい、葬礼差《そうれんざ》しを三宝にのせて、今見てきたばかりの『仮名手本忠臣蔵』四段目・判官切腹の場をひとりで演じはじめる。蔵の様子を見に来た女子衆《おなごし》が蔵の中を覗いてみると、定吉が光るものを腹に突き立てようとしている。女子衆が旦那に報告すると、旦那はあわてて「腹が減って死ぬ気になったんやろ」とお櫃を持って廊下をバタバタバタ。蔵の戸を開けるとお櫃を前に突き出して「ご膳」。定吉が「蔵の内でか」。旦那が「ははーっ」と頭を下げると定吉「待ちかねた」。

◎　　　　◎

サゲは四段目の塩谷判官《えんやはんがん》と由良助の

由良助「ごーぜーん」
判官「由良助か」
由良助「ははーっ」
判官「待ちかねた」

という台詞のもじりになっている。六代目松鶴師はサゲの台詞を「飯」に掛けて「まま（飯）、まちかねた」と言うこともあった。

芝居噺ではあるが、途中にハメモノが入らないので、比較的よく演じられる。囃子がないだけに演者の「芝居心」がはっきりと出るネタとも言える。

六代目松鶴極つき十三夜では、マクラで昔見た芝居の話と役者の声色まで披露しかけている。本人は「成駒屋やない播磨屋で」と言っているが、どうやら初代鴈治郎の『河庄』の台詞「いま向こうの煮売り屋で……」をやりかけていたように聞こえる。

「わたい、芝居が大嫌いです」と言っていた定吉のウソがばれるのは、旦那が「五段目の猪がええそうな。前脚をば中村鴈治郎、後脚を片岡仁左衛門」と言うのを笑って「あれは、下回りの役者がひとりでやりまんねん。それを成駒屋と松島屋がやるやなんて」と蘊蓄を披露してしまったから。うっかり屋号を言ってしまうあたり、芝居好きならやりかねない失敗である。猪の脚役の役者は落語家の好みで変えてもいいのだが、六代目松鶴師は「前脚を嵐巌笑《がんしょう》」なんて明治から大正にかけて活躍していた上方役者の名前を出していた。巌笑は昭和の初めに亡くなっているから、おそらく若き日の六代目は実際の舞台を見ていたのであろう。

芝居を見ていたことがバレて、旦那に首ねっこを捕まえられると、定吉は「謀《はか》ろ謀ろと思いしに、かえって茶瓶に謀られた」と悔しがる。『一條大蔵譚《いちじょうおおくらものがたり》』という芝居で、勘解由《かげゆ》という悪役が阿呆だと思っていた大蔵卿に一太刀斬られたときに言う台詞「謀ろ謀ろと思いしに、かえってうつけに謀られた」と悔しがる台詞のパロディだ。怒られながらも芝居をやるだなんて、好きだねえ、定吉クンも。

三番蔵にほうりこまれた定吉クン。朝ごはんを食べたきり何も食べていないので、しきりに

「ごはん、食べさせとくなはれ!」と騒いでいたが、効果が無いと見定めると芝居の真似をして空腹から気をそらそうと試みる。そこで始めるのが四段目の判官切腹の場。定吉は「勘平の腹切、もひとつやったな。四段目のほうが好きやな」と言う。勘平の腹切はストーリーの変化もあってわかりやすい派手な場面なのだが、判官切腹は最後の由良助が駆けつけるシーンまでは、ひたすら判官が切腹するまでの動きの少ない場面なのだ。そちらのほうが好きとは、定吉クンはかなりの芝居通と見た。

ここから定吉クンが一人で芝居の真似を始めるのだが、ここは子供が芝居をしているというのではなく、落語家自身が芝居の真似をするというのが心得だと聞いた。

まずは判官の「なにはなくともご酒一献」という台詞を受けての、上使の薬師寺の台詞から始まる。もうひとりの上使の石堂は白塗りの善人の役だが、薬師寺は純然たる仇役。今の東京風の薬師寺は「砥《と》の粉《こ》」という肌色の顔色で演技もおとなしめになっているが、この噺では「真っ赤な顔をして」と表現しているから、昔は文楽と同じような赤っ面だったのであろう。噺の薬師寺は台詞のトーンも、いかにも赤っ面という発声になっている。

判官が死に装束となって後ろに下がると、諸士が畳を二枚持って出て舞台に置き、その上へ白布を張って四隅に樒を置く。現在の東京歌舞伎の型では樒は竹筒に立てたのを四隅に置くのだが、上方演出では四隅に葉先を外に向けて寝かして置いている。昔は上方でも竹筒にちゃんと立てていた……と十三世片岡仁左衛門丈の本で読んだことがある。

切腹の座に判官が座るところで、桂南光さんは判官が「大星はまだ来ぬか」と気を取られて右足から上がりかけるが、作法と違っていることに気づき、ハッとして上使のほうをチラッと見て右足を下ろし、改めて左足から上がり直すという仁左衛門の型を見せてくれる。このように、落語家が自分の蘊蓄を元にした「芝居」を楽しそうに演じていくわけだ。

竹本の床から三味線の二の糸を解放弦のままで「デーン……デーン……」と大間《おおま》に弾く「雨だれ」という音が聞こえてくる。判官が肩衣を脱ぐ。松鶴師は「判官さん、上《かみ》をば、おもむろに取りなはる」と表現している。「裃」の「上」は肩衣、「下」は袴である。そうそう、この噺で「塩谷判官」のことは必ず「判官さん」と「さん」付けをしている。これば歌舞伎の世界でも同じことで、あちらの幕内では「判官様」と「様」付けになる。同様に『東海道四谷怪談』のお岩にも必ず「さま」を付けることになっている。非業の死を遂げた霊に対する礼なのである。

「肩衣をはねて膝の下へ十文字に敷くのは、腹を切ったときに膝が崩れんための用心やそうな。九寸五分を懐紙で巻いて左の手で持つ。右の手で三宝を押し頂いて後ろへ回して尻の下へ敷く。これはおなか切った時に、仰向けにひっくり帰らんように、無様な死にようをせんようにという用意。左の手で九寸五分を持ってる間はまだものが言えるが、右の手に持ち直すともうものが言えん」

　ここまでくると、これは定吉の台詞というより、やはり落語家の蘊蓄としか聞こえない。この場面、米朝師は肩衣をとり小袖を脱いだところで判官さんに「力弥、力弥。由良助は？」と一度言わせておいて、九寸五分を取り上げて三宝を尻の下に回したところで二度目の「力弥、力弥。由良助は？」となる。

　松鶴師は三宝を尻の下に回して九寸五分を左手で取り上げたところで最初の「力弥、力弥。由良助は？」を言わせておいて、しばらくして二度目の「力弥、力弥。由良助は？」となる。

　現在の歌舞伎では米朝型である。

　また、米朝型では力弥の「いまだ参上仕りませぬ」の答えに、判官は最初「存生に対面せで、残念じゃと伝えい」と答え、二度目には「存生に対面せで、無念じゃと伝えい」と「残念」を「無念」と言い換えるだけであるが、松鶴型の判官は二度目に力弥に向かって「『晋に予譲あり』と伝えよ」と言う。

　晋の予譲という人物は、主君を殺した仇を執拗に追いつづけ、ついには捕らえられるのだが、仇の衣をもらい受けて、その衣を剣で刺すとなんと衣からタラタラと血が流れたという伝説の主人公。上使の目の前で「仇を討て」と言うのはいささか乱暴なように思うのだが、昔の上方歌舞伎にはあった型かもしれない。

いよいよ待ちに待った由良助と対面して「待ちかねた」と言うところまで演じた定吉は、「……ええとこやけど、だんだん腹が減ってきたがな」と我に返って「旦さーん！　ごはん食べさせとくなはれ！」と泣き声で叫ぶ。この変わり目がこの噺の眼目で芝居の緊張が一瞬にして緩和する。その落差が噺の値打ちを決めると言っていい。

六代目松鶴師は、あのいかつい容貌から、酒飲みや無茶者ばかりが得意と思われているが、子供もとてもかわいらしかった。

その愛弟子で没後「七代目松鶴」を追贈された松葉さんも、師匠同様キュートな子供を演じていた。この『蔵丁稚』も得意にしていて、道頓堀の浪花座で開かれた独演会の録音が**ビクター落語上方篇・七代目松鶴③**に収められている。七代目も歌舞伎が大好きだったので、いろいろと凝って演じていた。例えば肩衣をとって膝に敷くところでも「上をば取って膝の下で十文字に合わせて足の親指で留めなはる」などと他の演者にはない描写をしていて、しっかりとお客を芝居の世界に引き込んでいたので、定吉が芝居の夢から覚めて「旦さーん！」と泣き声を上げるくだりでは、客席から拍手がおこっている。

七代目の子供のかわいさがよく出ていたのが『馬の田楽』。堺筋あたりにたむろしている悪童連が、味噌樽を積んだ馬にちょっかいをかけて逃がしてしまうという噺だが、ここに登場する子供たちが生き生きしていた。このネタも六代目から習ったものであろうが、そこに初代桂春團治のテイストもプラスし、七代目独自の遊びも入れて傑作に仕上げていて、僚友の桂南光さんがべかこ時代に演じていたものと双璧の爆笑編だった。七代目の『馬の田楽』は**ビクター落語上方篇・七代目笑福亭松鶴**と、七回忌追善記念に出た「七代目笑福亭松鶴」（クラウン）というCDに収められている。

七代目……我々は「松ちゃん」と呼んでいたが……は、この噺に登場する子供たちに似た、かわいい、いたずら好きの人だった。律儀でとてもきちんとしているくせに、そんなきちんとした自分にテレてチョカチョカとちょっかいを出す子供のような人だった。

枝雀さんの座付き作家としてこの世界に入った私が、米朝一門以外の落語家さんで友達になった第一号が七代目だった。千朝さんの勉強会にゲスト出演した松葉さんは『悋気の独楽』を演じていた。私がおずおずと話しかけて「おもしろかった」旨を伝えると、

「ありがとうございます。『丁稚さんは筒袖着てるはずやから、独楽は袂に入れられへん』て言うてくれた人が居てましてんけど、『旦那のお伴をする時は丁稚さんも袂のある着物着てた』て悦ちゃん師匠に教えてもらいましてん」

と教えてくれた。

「悦ちゃん師匠」とは桂米之助師匠。本名が「矢倉悦夫」なので松鶴師や米朝師は「悦ちゃん」と呼んでいた。そこで、後輩たちも親しみと敬意を込めて「悦ちゃん師匠」と呼んでいた。

そんな話を目を輝かせながらしゃべってくれた松ちゃんの顔を見て、ここにも落語好きが居てる……と嬉しくなったことを昨日のことのようにおぼえている。

若いころは真面目一方の堅い口調だったのが、友達になったころにはとてもソフトで軽快な口調に変わっていった。それは芸に自信がついたからだと思う。

三回目の独演会のパンフレットの文章を依頼してくれたことがあった。その頼み方がすごかった。

「ぼくの独演会のパンフレットに文章書いてくれはった三田純市先生も和多田勝先生も死んでしまわはりましてん。今年のん、小佐田さん、書いてくれません？」

そんなことを実に軽く頼んでくる時、松ちゃんはほんまにいたずらっ子のようなお茶目な表情をしていた。

その松ちゃんが九四年一月に七代目笑福亭松鶴を襲名することになって、ずいぶん悩んだ時期もあったようだ。それでも、いよいよ覚悟を決めて

「もう腹が決まりましたさかい、手伝うとくなはれ！」と雄々しく言ってくれたときは本当にうれしかった。「ぼくたちの時代の松鶴」が生まれるという喜びがあった。その直後の入院である。それでも、一度は高座に復活。九六年九月二〇日から四日連続の襲名披露興行が『蔵丁稚』にも登場する「中の芝居」……道頓堀の中座で開かれることも決まっていた。松ちゃんが

亡くなったのは、その披露興行の三日目にあたる九月二二日で、通夜が千秋楽の日だった。律儀な松ちゃんは、きちんと襲名披露興行をしおえて冥途の旅に出かけて行ったのだ。

二四日の告別式で、親友の南光さんは弔辞を読んだ。

「なんちゅう爽やかな男やったんや！　松ちゃん。成仏なんかすんな！　ずーっとこのへんに居てくれよ！」と絶叫した。

そして、その翌年の九七年二月九日に松ちゃんに七代目松鶴を追贈する「襲名披露公演」が中座で執り行われた。披露口上では、本来七代目が座るはずであった真ん中の席には白扇が一本置かれていて、左右居並んだ師匠方が次々とお祝いと追悼の口上を述べていく中、三代目春團治師は

「本来なら『七代目、おめでとう。よかったなあ、松鶴さん』と肩を叩きたいんですけど、本人はおりません……」とまで語って声を詰まらせた。

天は我々の手から「松鶴」を奪って行った。さらに、五年後の二〇〇二年九月には中座までが焼失してしまったのである。

こんな理不尽なことはない。

稽古屋

速記……初代桂春団治落語集（講談社）
CD……ビクター落語上方篇・五代目桂文枝⑧（ビクター）
五代目桂文枝（吉本興業）
五代目桂文枝上方噺集成②（ソニー）
上方落語名人選⑥林家染二〔現・四代目染丸〕（ケイエスクリエート）
桂文珍⑩（ソニー）
ビクター落語上方篇・七代目笑福亭松鶴③（ビクター）
THE小米朝（EMI）
DVD…小米朝十番勝負（EMI）

女にモテたいと願っている喜六が、甚兵衛さんの所に相談にやってくる。モテる条件を聞いていると、どうやら芸事を身に着けるのが一番手っ取り早いと判断、小川市松という師匠がやっている稽古屋に通うことになる。ところが、稽古に来ている子供が持って来た焼き芋を食べるなど邪魔ばかりしている。おとなしくなったと思ったら居眠りしているので、師匠が「稽古しまひょか」と声をかけると、喜六は「色ごとのパーッとできるやつを、ひとつ頼んまっさ」と言う。師匠「色ごとのできるやつ？　それはうちでは稽古でけしまへん」と答えるので喜六が理由をたずねると、師匠「色は指南（思案）のほかでおますがな」

◎　◎

五代目文枝師が演じていたのは立花家花橘師から伝えられた型。「色は指南」のサゲは**五代目桂文枝**に収められている八七年一月の朝日放送の「上方落語を聞く会」の高座で演じられている。

米朝師からうかがった話によると、福松になって亡くなった文の家かしく師の型は「ちゃびん踊り」がサゲになっていたという。

『ちゃびん踊り』のサゲて、どんなんですか？」と質問したが

「わからん。確か、かしくさんの弟子の文の家速達という人が知ってるはずや」とのお答え。

その速達師の消息はわからずじまいなので、幻のサゲになっている。後年、春團治師から「速達さんは、いまの吉坊クンに似てたな」との証言をいただいた。しかし、吉坊さんにたずねてもわからんやろなあ……とあきらめている。

文枝師や、現・染丸さんが演じているのに『歌火事』と呼ばれる演出がある。

文枝師と染丸さんの高座では、清元の『喜撰』の〽世辞で丸《まろ》めて浮気でこねて小町桜の眺めに飽かぬ……を習うのだが、どうにもこうにも型にならないので、あきれた師匠が喜六に地唄の『すりばち』という唄の稽古本を手渡す。文枝師は

「大きな声で稽古せなあきまへんで。人のおるとこで稽古したら迷惑になりまっさかい、人の

おらん、例えば高いとこで稽古したら声がふっきれまっさかい。それで稽古をしてから、またここへおいなはれ」と追い返す。喜六は「高い所」と言われたので我が家の物干し台に上がって稽古する。『すりばち』の文句は〽海山をこえてこの世に住みなれて。煙が立つ賤《しず》の女《め》の……という文句。物干しで「煙が立つ」と叫んでいたら通りかかった人が

「おーい。喜ぃ公。煙が立ってるかぁ？」

「〽煙があ立つぅ」

「その煙は遠いのか近いのか？」

「〽海山ぁ越えてぇ」

「それだけ遠かったら大丈夫や」というのがサゲ。歌の文句を火事と間違えるので『歌火事』という型である。この型は橘ノ圓都師がやっていた……と米朝師に教えていただいた。**ビクター落語上方篇・五代目桂文枝⑧**に収められている八二年一月のＮＨＫの「上方落語の会」の高座と、**五代目桂文枝上方噺集成②**に収められている八〇年四月に京都の独演会で演じた高座がこちらの演出になっている。

一方、染丸さんの口演では師匠から「高い調子で」という意味で「高うにお稽古しとくなはれ」と教えられるのを、喜六が音程と標高を取り違えて屋根の上で稽古することになる。

喜六が稽古屋の前にやって来ると、中で女の子が『越後獅子』の踊りの稽古をしている。

『越後獅子』は現在は長唄となっているが、落語の中では「地歌」に対して「江戸唄」と呼ばれていた。米朝師によると、昔の祇園の芸妓が「江戸唄」とよく言っていたという。現在では、本家の長唄では滅んでしまっている古い曲を「江戸唄」と呼んでいるようだ。

同じ『越後獅子』の前弾きの手でも、長唄だと〽ツツンツ……となるところが、江戸唄だと〽ツルンツ……となるのだそうだが、ここまでくると専門的すぎて門外漢にはよくわからない。もうひとつ専門的なことを申し添えると、稽古屋の師匠が子供たちに稽古をつけるとき、踊りの振りは向かい合わせの子供にわかりやすいように、左右逆の動きをするとも聞いた。演者がいろいろと凝ることのできる噺である。

お師匠はんが〽庭に咲いたり咲かせたり……のくだりでストップして、踊っている子供に「『り』で手々上げなはれ。『りぃ』あげなはれ」と注意していると、それを聞いた喜六が「利ィ上げよ、利ィ……。ここ、稽古屋やと思うたら質屋もやっとんねん」とつぶやく。

質屋さんは品物を預かってお金を貸す。借りたほうは、三か月以内に借りたお金に利息を添えて請け出しに行かないと、品物は質屋さんのものになってしまう。これを「流れる」と言う。そうならないように、全額は無理でも利息の部分だけ入金して、流すのを待ってもらう制度があった。利息だけ入れるので「利上げ」と称していた。その「利」と、〽咲かせたり……の「り」を取り違えたわけである。

その次に「狂乱の太鼓地」という踊りを稽古しに来た二人目の女の子は、途中で買った焼き芋を二つ袂に入れていた。それでは踊れないというので、師匠が芋を預かって稽古を始めると二人目の子が突然泣き出す。わけを聞いてみると、師匠の預かっていた芋を喜六が食べていた。師匠が「なにをしなはんねん！」と喜六をたしなめると、喜六は反省するどころか、泣いている子に向かって

「このガキ。泣きやがったらえらいで！」と逆ギレする。このくだり、花橘師は強く言うのではなく小さい声で言うのが、なんとも言えずおもしろかったと文枝師から教えていただいた。

一九三〇年に発行された「名作落語全集⑤芝居音曲篇」に掲載されている初代露の五郎師の速記では、医者の先生が宴会の余興芸を習いに来ているくだりがある。長唄の『戻駕色相肩《もどりかごいろにあいかた》』を稽古するのだが、まことに生真面目な先生で〽かむろかむろと、たくさんそうに……と歌うところを「かむっ！　かむっ！　かむっ！」とつっかえるので、聞いていた喜六から「ああ怖ぁ」とからかわれる。

NHKに残っている先代桂小文治師の映像は、黒紋付き羽織袴という他の人なら野暮ったく見えるいでたちなのであるが、なで肩で座っている姿がまことに柔らかく見えた。ことに女師匠が、着物の襟を抜いて、髷の型を気にして手をやり、煙管を吸いながら子供に稽古をつけるくだりのリアルな描写は「昔はこんな師匠が居てたんや」と思わせるものだった。小文治師も

薩摩出身の先生が「かむっ、かむっ」とつっかえて笑われるくだりがあり、サゲは「海山越えて」の「歌火事」だった。ただ、「高いとこで出しなはれ」という指導ではなく、「寒げいことぃうて大風に向こうて大きい声を出しなはれ」と教えられるので、大屋根に上がることになっている。

五代目文枝師は『あんけら荘夜話』(青蛙房)という半生記をまとめる時にお話をうかがったのだが、最初は落語家になるつもりは全くなかったのだそうだ。大阪市の交通局に就職してまじめに働く……予定だったのだが、なぜか日本舞踊を習いたくなったのだそうだ。そこで、同じ職場に居た矢倉悦夫クンというちょっと変わった人物に相談を持ち掛けたところ、この矢倉クンが四代目桂米團治師の弟子……つまり米朝師の兄弟弟子だった桂米之助師だったのだ。矢倉クンが紹介してくれたのが「坂東三之丞」という舞踊家だったのだが、この人の正体が「四代目桂文枝」だったのである。そこで、舞踊の「ついで」に落語も教えてもらったことが、後の「五代目文枝」ができあがる元になるわけだ。

終戦直後のたいへんな時代に、なんで日本舞踊のお稽古だったのか? 文枝師におたずねすると、破顔一笑

「そら、あんた。女にモテよと思うて」と明快なお答えが返ってきた。つまり、舞踊を始める動機は『稽古屋』の喜六と同じなのである。

とてもとても色っぽいお方だった。私が実際に目撃したことを申しあげておく。「桂米朝落語研究会」という勉強会が隔月に京都東山の安井金比羅宮で開かれている。四月には会が終わってから花見の宴が開かれるのが恒例だった。米朝師をはじめ、枝雀さん、ざこばさんなど二十人以上の一門が三条から四条に向けて狭い先斗町の石畳を歩いていた。ご存じのとおり先斗町といえば道幅は二メートルほどで、人がすれ違うのがやっとの幅だ。米朝一門の皆さんも縦に一列に並んで歩いていた。私も列の後ろのほうで、枝雀さんの後ろを歩いていた。すると、その行列の前のほうでドッと笑い声が起こったのだ。枝雀さんが振り返って、私に

「なんぞおましたんかいなあ?」とおっしゃった。そのまま歩いて行くと、その「なんぞ」の正体が判明した。当時はまだ小文枝だった文枝師が、お茶屋の軒先に立っておられたのだ。それを見つけた律儀な米朝一門は一人一人、文枝師に

「おはようございますっ!」と挨拶する。文枝師も最初のうちは挨拶を返しておられたのだが、一列になった米朝一門が次々とやって来るので

「ああ、おはようさん。えっ? まだ来んのかいな? ほんまかいな?」と、私が師匠の前を通り過ぎるころには、半分踊りながら挨拶を返してくださっていた。そして、一生懸命挨拶を返しておられる文枝師の背後には、白っぽい和服を着た美女が佇んでいた……ような気がするのだが、あれは幻だったのかしら。

滑稽清水

京の町で暮らしていた作の市という盲人のもとに、友人の徳兵衛が訪れる。彼の証言によると、作の市の女房のおとわと、作の市の兄弟分の馬之助が間男をしているというのだ。初めは笑って相手にしなかった作の市だったが、考えてみると思い当たるふしもある。そこで、証拠を押さえるために目を開けてもらおうと清水《きよみず》の観音様に願をかけて日参する。それに気づいたおとわは、馬之助と相談して作の市の後をついて行って、その少し後ろで二人並んで観音様に「作の市の目を開けてくれるな」と願をかける。満願の日、作の市の願いが通じて両眼がパッと開く。喜んだ作の市がふりかえると、後ろではおとわと馬之助が肩と肩を寄せ合うようにして一心に拝んでいる。その姿を見た作の市「ああ、よその夫婦は仲がええなあ」。

◎　◎

落語には後味のよくない作品がいくつかある。その中でも最も救いのないのがこの一席であろう。

　この噺を初めて聞いたのは一九七〇年一〇月三一日、大阪道頓堀の角座で開かれた「秋の上方落語会」。このころは最初の上方落語ブームの時期で、千人収容のマンモス演芸場だった角座では、松竹芸能所属の落語家たちが中心になって、朝から晩までの落語会を三月三一日と七月三一日、一〇月三一日の年三回行っていた。角座の前には開場前から学生中心の落語ファンが行列をつくり、開演時刻には二階席まで満員になったものだった。

　その「秋の上方落語会」の夜の部。中入のあと、先代文我師が『始末の極意』を飄々と演じたあとに登場した先代森乃福郎師が演じてくれたのだ。それまで「落語というものは楽しいお笑いの世界だ」と信じていたウブな学生だった私は、聞き終わったあと「こんな苦い世界もあるのか」と愕然としたものである。

　確かに落語のサゲには、笑ってはいるものの「このあと、いったいどうなるんやろ？」と考えると不安になる作品もよくある。例えば『愛宕山』。命がけで谷底にダイビングして拾い集めた小判を谷底に忘れて来たと知った時、一八は立ち直ることができたのだろうか？　ひょっとしたら一八は再び谷底に身を投げはしなかっただろうか？　それほどシビアなシーンでなくても、旦那の浄瑠璃を聞いて泣いていたのではなく、その浄瑠璃を語っていた床のある場所が自分の寝床だったので、寝ることができないで泣いていた……という事情を正直に告白した

『寝床』の丁稚・定吉クンは、あの後、どんな責め苦を受けたのであろうか？　ひょっとしたら、次の浄瑠璃の会では客席の最前列で鑑賞することを命じられたのではなかろうか。ことほどさように落語にはサゲの後のことを思うと暗澹たる気持ちになる噺は多い。

それにしても、この『滑稽清水』は異質である。ブラックユーモアというか、ビターな笑いというか、「世の中てこんなもんやで」と現実の残酷さを突きつけられる思いがする。観音さまのご利益までが裏目になるのだから、皮肉の極致と言ってもいい。

別名を『杢の市』、あるいは『新壺坂』。『杢の市』は主人公の「作の市」という名前が演者によっては「杢の市」になっているところから来ている。「壺坂」とは文楽や浪曲でおなじみ……と言っても、今の人にわかるかしら？　昔はおなじみだった『壺坂霊験記』のこと。こちらは、女房・お里の祈りが通じて盲目の夫・沢市の目が開くというハッピーエンドの美談だが、落語のほうは「美談」にならないので『新壺坂』というわけだ。

一九〇八年に毎日繁昌社から刊行された『大福帳』という雑誌の「続落語の巻」に収められている笑福亭松竹《しょちく》の速記は、主人公がお里と沢市になっていて場所も大和の国の土佐町と本家の霊験記と同じになっていてタイトルも『壺坂』のままである。間男の名前は馬之助ではなく頑九郎《がんくろう》になっている。今では登場しなくなったが、昔々の小芝居では「雁九郎」というお里の貞節を狙う三枚目の悪役が登場したというから、その名前をもじったのであろう。ちなみに寄席囃子に『雁九郎』という曲があり、芝居で雁九郎が登場する時に演奏されたものと言われている。

先代福郎師は一九三五年、京都市生まれ。五六年四月に三代目笑福亭福松師に入門して「福郎」と名付けられる。もちろんこの時の亭号は「笑福亭」である。

後に松竹新喜劇の藤山寛美さんの勧めで亭号を「森乃」に改める。言うまでもないが「森の梟」のシャレである。美男子でソフトな声の持ち主。さらに現代的な明るい口調が人気を博し、漫談やテレビ番組の司会者としても活躍するようになる。

七〇年代になって上方落語ブームが訪れると、『指南書』や『象の足跡』、『中風小便』といった、福松師の父親の二代目桂文之助師の系統ならではの珍品を披露してくれた。そんな珍品の中にこの噺もあった。

おっとりとした語り口が、はじめの内は「うちのおとわに限って、そんなことするわけあるかい」と自分に言い聞かせているのだが、おとわの帰宅が遅くなるにつれて、次第にいらついていき、「と言うて、徳さんもそんな悪い冗談言う人やないしなあ」と次第に女房に対する疑惑を深めていく主人公のいらつきを表現する演技は克明なものであった。

この噺はキングレコードから発売されたLP「島之内寄席ライヴ」第二集に収められている。「おっとりした口調」と紹介したが、意外にも小米時代の枝雀さんが得意にしていた『いらちの愛宕詣り』は福郎師から教えを受けたものだという。師匠の福松師から伝えられた京が舞台になっている落語で、CD「ビクター落語上方篇・初代森乃福郎」②にも入っているので、小米さんの「ストイックなイラチ」に対して「おっとりしたイラチ」のおもしろさを聴き比べていただきたい。

おっとり……と言えば『大丸屋騒動』を演じたこともあり、若旦那の宗三郎のおっとりとした風情が結構なものだった。

福郎師の高座と言えばいつだったか、高座で白足袋でなく色足袋を履いていた記憶がある。記憶違いかと思っていたら、芸能史研究家の前田憲司さんがCDの解説文に「着物と同じ色の足袋を履いていた。共布で誂えさせたものだったのだろうか」と書いておられるのを読んで、間違いではないことを確認した。

当代の福郎さんにうかがうと「着物の残り布で足袋を誂えるのは、一時期楽しんで足袋屋さんに頼んでいたようで、現在は私が持っています。中には全面に笑福亭の定紋の『五枚笹』が染められた足袋もありますよ」とのことだった。

皿屋敷

速記……米朝落語全集増補改訂版③（創元社）
桂米朝コレクション②（ちくま文庫）
古典落語⑩（桂米朝）（角川文庫）
CD……栄光の上方落語（③桂春團治）（角川書店）
ビクター落語上方篇・三代目桂春團治②（ビクター）
桂米朝上方落語大全集Ⅱ⑩（EMI）
桂枝雀落語大全⑳（EMI）
THE南光（EMI）
THE小米朝（EMI）
ベスト落語 二代目三遊亭百生（コロムビア）
桂吉弥のお仕事です。④（テイチクエンタテインメント）
DVD…極付十番・三代目桂春團治⑤（ワーナー）
枝雀大全㊱（EMI）
桂枝雀名演集Ⅲ③（小学館）
小米朝十番勝負（EMI）
桂吉弥のお仕事です。④（テイチクエンタテインメント）

姫路の皿屋敷の古井戸の中からお菊の幽霊が出ては「一枚、二枚」と皿の数を数える。最後の「九枚」という声を聞くと震えあがって死んでしまうという評判を聞いた若い者たちは、怖いもの見たさで皿屋敷を訪れる。井戸の周りで待っていると、お菊の幽霊が現れて皿の数を数え始める。「七枚」の声を聞いたところで逃げ帰るとなにごともなかった。この評判が広がって日本全国からお菊見物のお客が集まって来て連日の賑わいを見せる。ある日、井戸から現れたお菊が皿の数を数えはじめ、「七枚」の声を聞いたお客たちが逃げようとするが、出口が混雑して逃げ遅れてしまう。お菊は「八枚、九枚、十枚、十一枚」と数え続けて、ついには「十八枚」まで数える。怒ったお客が「なんで、そんなに皿の数をよんだんじゃ？」と質問すると、お菊「二日分よんどいて、明日の晩、休みまんねん」。

◎　◎

姫路に残る『皿屋敷』伝説をもとにした作品である。

噺の冒頭は姫路の若い衆が集まって一杯飲む相談をしているところに、伊勢詣りに行っていた松つぁんが戻って来るところから始まる。土産話をせがむ仲間たちに「土産話どころか、旅先で恥をかいて戻った」とのこと。理由を聞いてみると、三十石船の中で「姫路の者」と言ったところ「姫路というたら、あの皿屋敷のある所でんな」と言われて答えることができずウソをついたように思われたというのだ。ところが、そこに居る連中も全員「皿屋敷」なるものの存在を知らない。そこで、物知りの六兵衛という口の悪い親父の所に教えてもらいに行くことにする。持ち時間の少ないときは、親父さんに質問に訪れたところから始めることが多い。

「この姫路に皿屋敷というのがあるんやそうでんな？」と質問すると、親父さんから「おまえら、芝居や浄瑠璃で聞いたことないんか？」と逆に返される。

現在、「皿屋敷」の芝居というと岡本綺堂作の『番町皿屋敷』が最もポピュラーである。ただし、このお芝居は登場人物の名前と「皿」という小道具を使っているだけで、恋人の心を試すために家宝の皿をお菊がわざと割り、試されたと知った恋人が怒ってお菊を涙とともに斬り殺して亡骸を井戸に落とす……という悲恋ものになっている。この恋人の名前が青山播磨。姫路の伝説をもとしているので「播磨」にしたわけである。

本家の「皿屋敷」を扱っている芝居は歌舞伎では浅田一鳥原作の『播州皿屋敷』。代官の名前は「浅山鉄山《てつさん》」になっている。近年では一九七一年六月に歌舞伎座で孝夫時代の現・仁左衛門丈の鉄山と玉三郎丈のお菊のコンビが復活上演。それ以降、何度か上演されるようになったが「番町」に比べると圧倒的に少ない。私も二〇〇二年の歌舞伎座で橋之助時代の現・芝翫丈の鉄山と扇雀丈のお菊で見ているだけだ。

一方、浄瑠璃のほうは一七四一年に豊竹座で初演された為永太郎兵衛・浅田一鳥合作の『播州皿屋敷』。二〇一一年一二月に京都で、その「青山館の段」を豊竹嶋太夫師と竹澤團七師が復活上演している。こちらは一九三二年以来、上演が絶えていた。

いずれにしても、落語国の親父さんの時代には人気のあった芝居であったようだ。

四代目米團治師から米朝師に伝えられ、さらに三代目春團治師に伝えられて「極め付け」のネタとなった。そのあたりのいきさつは『米朝らくごの舞台裏』（ちくま新書）の『代書』の項に書かせていただいた。

　お芝居はお家騒動がからんでいるのだが、落語で紹介されるのはあっさりしたストーリーだ。姫路の代官・青山鉄山は腰元のお菊に惚れてわが物にしようとするのだが、お菊は夫の三平に操を立てて言うことをきかない。可愛さ余って憎さが百倍。鉄山、お菊に家宝の十枚一組の「葵の皿」を預けておいて、お菊のスキを狙って一枚隠しておく。そうしておいて、お菊に皿の数を改めさせる。数えてみると一枚足りない。お菊が当惑していると、鉄山は「この青山の家にたたりをせんとて一枚かすめ取ったにちがいない」と拷問にかけた上、井戸の中に吊るして斬り殺してしまう。

「袈裟がけじゃ。これからこれへザクーッ……。返す刀で縄の結び目をばプツッ……ドブーン。……無残な最期や」

　この「プツッ」という縄を切った音と「ザブーン」という水音の微妙な空白の「間」が井戸の深さを感じさせてくれる。

　その恨みで、お菊が鉄山を取り殺したあとも、毎晩丑三つのころに井戸から姿を現しては「いちま〜い、にま〜い」と皿の数を数えだしたというのである。

　この話を聞いた若い連中が幽霊見物に行くことになる。ひとかたまりになってトボトボと歩き始めると下座で鐘がボーンと鳴り、『すごき』という不気味なお囃子が演奏される。連中の中で一番のこわがりにスポットを当てて、無言のうちに動きだけで恐怖を描写する。ことに三代目春團治師は克明な心理描写を見せてくれた。心理状態を言葉に置き換えると

「さあ、これから幽霊見に行くねん。どんなんやろなあ。わしら、幽霊てなもん、生まれて初めて見るんやさかいなあ。楽しみやなあ……。うん？　なんや、後ろで音がしてるでえ。……足音とちがうか？　……後ろ向いても誰も居てへんがな。……気色悪う。早よ行こ！　いやや、いやや。……うん？　なんやしろ～いもんが見えてきたで。……塀や。車屋敷の塀やがな。……こわァ……」

ここまでを表情と視線と体の動きだけで完璧に描写した後、初めて声に出して「清やん……清やん……」と情けない声をかけることになる。この時点で、お客さまの頭の中には真っ暗な道を歩いている恐怖感がみちみちている

この道中のシーンを舞台と客席の照明を消し、スポットライトを高座にだけ当てて演じたことがあった。千人収容の演芸場、道頓堀角座の落語会のことである。お菊が井戸から出て「ひちま～い」まで数えたところで見物に来ていた連中が「逃げえ！」と叫んで走り出して躓いて転倒する瞬間で明るくなるという演出だったが、明るくなった瞬間、いっぱいの客席から「ホーッ」というどよめきが一斉におこった。それだけ三代目の芸がお客の心を奪っていた証拠である。また、この歩くシーンで三代目は正座したままで膝を交互に高く上げて歩く様子をリア

ルに描写している。

ようやく到着した車屋敷。古い地図で見ても「車屋敷」という名称は出てこない。ただ、姫路城の西南方向、白鷺橋の北に「車門跡」という史跡がある。噺の中でも親父さんが「城下をちょっと西へ外れた所に大きな井戸のある古い屋敷跡があるやろ」と説明しているから、ひょっとしたら車門の近所に話題の屋敷があったのかもしれない。

みなが井戸の周りで待っていると丑三つの頃《ころ》おいになると、青白い隠火とともにお菊の姿がそれへさしてズーッ……。下座からヒュードロドロという鳴物と『ねとり』という幽霊の登場するシーンの曲が流れてくる。春團治師のお菊は右手を下に、左手をその上に重ねるように下げて、うつむいたままでスーッと膝で立ち上がる。ただただ上に上がるのではなく、ぐーっと左から右へひねることですごみを増す。これはお菊が井戸の周りに居る連中をグーッと見回す心で演じているのだと聞いたことがある。また、お菊が皿を数えるくだりで「ひ〜ちまい」でグッと上げて言う……というのが「口伝」と聞いた。

このお菊の姿の良さは『高尾』と双璧だ。

後半すっかりスターになってしまったお菊さんが登場して「おこしやす」と愛想をふりまくところでは、両手を並べて出してプレーリードックのようなカワイイ形になっているのが、最初のお菊の出る姿が美しければ美しいほど落差があって効果的なのだ。

質屋芝居

速記……上方落語〔⑥笑福亭松鶴〕（講談社）
　落語レコード八十年史〔①露の五郎〕（図書刊行会）
CD……ビクター落語上方篇・六代目笑福亭松鶴③（ビクター）
　六代目笑福亭松鶴上方はなし（ビクター）
　六世松鶴極つき十三夜（ビクター）
　落語仮名手本忠臣蔵〔①桂小文治〕（クラウン）
　昭和戦前面白落語全集〔①露の五郎〕（エニー）
DVD…五代目桂文枝（吉本興業）

旦那から奉公人に至るまで歌舞伎が大好きという質屋があった。そこへお客の由さんが質札とお金を持って葬式用の裃を請け出しに来る。番頭の命令で三番蔵に裃を取りに行った定吉が蔵の戸を開けると、隣の稽古屋から『序の舞』という曲が流れてくる。定吉は裃の肩衣と風呂敷を片袖ずつまとい、塩谷判官と高師直の一人二役で『仮名手本忠臣蔵』三段目・殿中松の間の刃傷の場を演じはじめる。次に店に入って来た松つぁんは、小遣いに困って貸し布団屋の布団を質に入れていたという不届き者で、こちらも札とお金を持って請け出しに来る。定吉が帰って来ないので、様子見がてら番頭が蔵に布団を取りに行くと定吉は芝居の真っ最中。番頭の顔を見るなり「ちょうどええとこへ来てくれた。これから三段目の返しの裏門をやるさかい手伝うとくなはれ」ともちかけるので、番頭もうかうかとのってしまい、伴内の役を演じることになる。蔵に入って行った二人が戻って来ないので、今度は旦那が様子を見に行くが、蔵の中では定吉と番頭が大立ち回りを演じている真っ最中。「こんなええ芝居に木戸がないのはもったいない」と、蔵の戸の前に台を置いてその上に座り「さあいらっしゃい」と木戸番の真似をし始める。旦那も帰って来ないので、しびれをきらした二人のお客が蔵にやって来ると、中では定吉と番頭が芝居をしているので、あきれて中に入ろうとすると、戸口に座っていた旦那に「無入り（無銭入場）はならんぞ」と止められるので、由さん「あほらしい。表でちゃんと札が渡しておます」

◎　　◎

サゲは質札と芝居の木戸札を合わせたもの。お店全員が歌舞伎好きという設定は『蛸芝居』と同じだが、芝居が『仮名手本忠臣蔵』三段目と限定されている。

三段目というと、実録では江戸城松の廊下で浅野内匠頭が吉良上野介に刃傷に及ぶという場面。歌舞伎では実名を遠慮して、浅野を塩谷判官、吉良を高師直と『太平記』の世界の人名に置き換えている。

昔は町人でも葬式には麻の裃を着て、「葬礼差し《そうれんざ》」と呼ばれる短刀を腰に差して葬列に参加していたことから、お客も裃を請け出しに来たわけである。

定吉が蔵の戸をガラガラガラと開けると流れてきたのが『序の舞』という曲。歌舞伎の御殿の場などで演奏される下座音楽で、一般の人が趣味で稽古する曲ではないと思うのだが……。小文治師の口演では「町内でやる素人芝居の稽古」と説明している。

遅れて登城して来た判官を師直がつかまえて「遅い遅い」とからみはじめるくだりから、判官が堪忍袋の緒を切って師直に斬りつけるところで、場面は店先に変わる。

「アノー裃、どないなってまんねやろ？」という由さんの台詞で現実に戻って、芝居の世界に引き込まれていたお客様の緊張が緩和して笑いが起こる。

そこへ、貸し布団を請け出しに松つぁんが来るので、旦那は布団を取り出しに行くついでに定吉を連れて帰って来るように番頭に命ずる。番頭が三番蔵にやって来ると、定吉は気持ちよく芝居の世界に入っている。番頭の顔を見るなり定吉は喜んで

「ちょうどよろしい。役者の手が足らんとこやったんや。これから三段目の返しの裏門塀外をやりまひょ」と誘う。

「返し」というのは「返し幕」のこと。前の場と後の場が時間的につながっている場合、幕をいったん閉めたあと、すぐに幕を開けること。

この「裏門の場」というのは現在はほとんど上演されることはない。東京型では「松の間」が終わったあとは幕間になって四段目の「判官切腹」につながり、四段目のあとにお軽と勘平

が落ちて行く『道行旅路花聟《みちゆきたびじのはなむこ》』という舞踊の場がつく。対して、本家の文楽や上方歌舞伎では足利館の裏門となり、お軽とデートしている間に主人の判官が事件を起こしたことを知った勘平がおっとり刀で駆けつけて来る場面となる。
松つぁんが預けていた縞柄の布団を棚の釘に打ち付けて裏門の塀に見立てて返し幕が開く。
「喧嘩じゃ、喧嘩じゃ」というキッカケで、下座からは
〽立ち騒ぐ表御門裏御門。両方うったる館の騒動。提灯きらめく大騒ぎ。早野勘平うろうろまなこ。ご門前へと差し掛かる……という義太夫が聞こえてくる。これに合わせて勘平になった落語家と下座の陰の声との掛け合いになる。
「ヤアヤア門内に物申す。早野勘平、主人の安否心許なし。この門開けた。開門、開門」と落語家が言うと下座の陰の声が
「ここは裏門。表御門へまわらっしゃい」と答える。それに対して
「裏門合点。表御門、諸士の面々早馬にて寄り付けず。喧嘩の次第はなんとなんと」とたずねると、再び下座から
「喧嘩の次第相済んだ。出頭たる師直公に手傷負わした咎により、屋敷は閉門、網乗り物にてぼっ返した」と返ってくる。そこで勘平役の高座の落語家は
「ヤヤヤヤ。網乗り物よとな。すりゃ館へは帰られずか」と決まると下座から〽行きつ戻りつ

思案最中……という義太夫が入るという段取りだ。

この陰の声は下座を勤めている落語家が担当することになっていて、**ビクター落語上方篇・六代目笑福亭松鶴③**では元・笑福亭鶴二という落語家で後に専門の囃子方となった中田つるじが担当しているし、**六世松鶴極つき十三夜**では七代目松鶴になった若き日の松葉さんが担当している。聞いた話では「京都市民寄席」……おそらく七一年五月一〇日の第七十二回だと思うが、松鶴師が演じたときは、米朝師が陰の声を買って出たことがあるらしい。

ちなみに小文治師は東京での口演なので下座からの応援はなく、小文治師が陰の声の分の台詞もしゃべっている。

気持ちよく勘平を勤めていた定吉だが、いよいよお軽の出になって、番頭がボーッと立っているのに気がつき、そこで番頭には腰元お軽の役は荷が重いと判断する。

「あんた、お軽というよりお猿や」などと実に失礼なことを言って、定吉はお軽から伴内に役を変更する。そんなことを言われながらも、伴内で付き合ってくれる番頭は、定吉に負けず劣らず芝居好きなのである。伴内を引き受けた番頭は
「ものども、参れ参れ」と定吉の勘平にかかっていく。

〽かかるところへ鷺坂伴内、家来引き連れ出で来たり……という義太夫で伴内が登場。

「ヤアヤア、勘平」と言うと、三味線は『ノリ地』という調子のいい曲になり、番頭はそれに

合わせてリズミカルな台詞を語りはじめる。
「うぬが主人の塩谷判官高貞と、おらが旦那の師直さまと、なにか殿中であっちの隅ではボーシャクシャ、こっちの隅ではボーシャクシャクシャと。ボシャ、クシャ、話合いするその内に、ちいさ刀をチョイと抜いてチョイと斬った咎によって、屋敷は閉門、網乗り物でエッサッサ、えっさっさ、エッサエッサ、エッサッサとぼーっ返した。さあ、それからはうぬが番、おらが所望のお軽《か》ぼうを、いちゃくちゃなしに渡さばよし、いやじゃなんぞと抜かすが最後、からめ捕ろうが合点か。サ、サ、ササササササ。勘平返事はなんと、なんと」と伴内はおどけた型の見得をすると、下座から〽なんとなんとと詰め寄ったり……と義太夫が入る。

それを受けて定吉の勘平が「ならば手柄にからめてみよ」と答えるので、あとは所作ダテという舞踊風大立ち回りになるわけだ。

ここで、場面は店先に変わり、由さんの
「もし、うちの裄、まだでっか?」という台詞で現実に戻される。ここが二度目の笑いどころだ。二人とも出てこないので、業を煮やした旦那が奥へやって来ると『春の野山』という唄に合わせて、二人は立ち回りの真っ最中。

こういう囃子のややこしい噺は事故がつきもので、**ビクター落語上方篇・六代目笑福亭松鶴③**でも、最初の『序の舞』が途中で止まってしまっている。そこは百戦錬磨の松鶴師のこと、

定吉の台詞で

「あの三味線に合わせて芝居したろ」と暗号を送って、再び三味線の演奏が始まっている。

六世松鶴極つき十三夜の音では、松鶴師がトチっている。蔵にやって来た番頭に、まずはお軽をやってくれと頼んで、途中で無理と判断して伴内に役を変更するところだが、この録音では最初の役の相談のくだりで「あんた、お軽は無理やさかい伴内をやんなはれ」と言ってしまって、あとの段取りがグズグズになりかかっている。

また「喧嘩じゃ、喧嘩じゃ」と言わなくてはいけないところを「開いた開いた開いた」と言ったものだから、下座の入りが遅れている。松鶴師が下座をキッと睨み付けるとようやく下座が入ったところで、松鶴師は「睨まんとわかれしまへん」と下座のミスのように取り繕っているが、これは松鶴師の責任である。そのあとも、「館へは戻れぬか」のあとに「いかがなさん」という台詞を入れたりと、微妙に違う型で演じている。

この噺の演者としては米朝一門では桂吉朝さんが居た。こちらも歌舞伎が大好きで、判官と師直の喧嘩のやりとりも松鶴師よりも克明に演じていた。師直の「鮒じゃ、鮒じゃ、鮒侍めが」という台詞でも「鮒侍めが」のところにツケをバッタリと入れて横向きの大見得をしてみせたし、裏門の伴内の台詞もかなり細かく演じていた。

そして、時には米朝一門の落語家の名前尽くしの台詞を披露したりもした。例えば一九九二

年一一月の独演会では

「サァこれからはうぬが番、うぬが連れ添うお軽《か》ぼうを、いざこばなしに渡さばよし、いやじゃべかことぬかすが最後、地べたへ米朝（べチョッ）と叩きつけ、枝雀（四角）い顔を三角に、変えてみせよか合点か。顔がつぶれぬその前に、喜丸（きまり）悪いを我慢して、おかるをこっちへ渡すのが、吉朝（きっと）おまえの身のためじゃ。サァサァササササ、勘平返事は団朝団朝（なんとなんと）」と言うと、下座が

〽だんちょだんちょと詰め寄ったり……と語り、客席は大ウケとなった。現・南光さんはまだ「べかこ」で、喜丸さんや団朝さんの名前が入っているのは、その日の前の高座を勤めたからだった。吉朝さんは、そういうお遊びが大好きだった。

米朝師やその門下の吉朝さんが型をきっちり演じるのが好きな歌舞伎ファンだとしたら、松鶴師や文枝師の芝居噺は、そういう細かいところではおおざっぱなところもあったが、大づかみに歌舞伎の雰囲気を愛する歌舞伎ファンだった。松鶴師や文枝師の高座を見ていると、無邪気に囃子にノッて遊んでいるという雰囲気があった。

米朝・吉朝系統ではお囃子のきっかけの指示が細かすぎて途方に暮れ、松鶴・文枝系統では台詞がおおざっぱすぎて予測不能で、どちらにしてもお囃子さんは迷惑したと思うが、聞くほうからすれば、いずれの芝居噺にも、それぞれ捨てがたい魅力があった。

死ぬなら今

CD……ビクター落語上方篇・三代目桂文我⑤（ビクター）

因業な商売をして財産を築いた赤螺屋の主人・吝兵衛。亡くなったあと、なんとか極楽へ行きたいと思い、遺言で棺桶の中に小判百両を入れてくれるよう息子に頼んだ。その金で閻魔大王を懐柔しようという算段だ。いよいよ寿命が尽きて、葬式の日に息子が小判を棺にいれようとするのを親戚が見とがめ「天下通用の金を棺に入れるのはよくない。金罰が当たる」と言い、代わりに芝居の小道具の小判を入れて出棺する。そんなことは知らない吝兵衛さん、閻魔の庁へやって来てお裁きを受けるが案の定、地獄行きを命じられる。そこで、持参した小判を閻魔の袖に入れて、まんまと極楽行きを勝ち取った。閻魔たち地獄の役人たちは臨時収入が入ったので、早速飲みに行くが支払った贋金が極楽の警察の目にとまり、閻魔をはじめとする地獄の役人は全員逮捕されてしまう。いま、地獄には誰もおりません。死ぬなら今。

◎

◎

噺の冒頭で
「落語はオチが一番大事なものですけど、この噺はオチがございません。題が『死ぬなら今』。この『死ぬなら今』という言葉《やっ》だけは頭のすみのほうへほうりこんどいていただきたいと思いますが」と宣言してから始める、ちょっと変わった噺である。
三代目桂文我師が東京の八代目林家正蔵師から教えてもらった噺。この噺と『鼻の狂歌』（東京の『鼻ほしい』）を教えるとき、正蔵師は若き文我師に
「この噺はあたしが二代目三木助師匠から教わったもので、今は大阪で演る人がいない。これは、あなたにお返しします」
と言ってくれたのだという。二代目三木助師は大阪生まれ。一八九四年、九歳のときに二代目南光師のもとに入門。明治の末に一時東京に居を移していたことがある。その時に正蔵師をはじめとする東京の当時の若手に上方の噺を伝授したのだという。
文我師は続けて
「『お返しします』という言い方が、いかにも林家らしゅうて、ありがとうてねえ。そんな大切な噺なんやから、私もどんどん若い人に伝えたいと思うてます」
と熱く語っておられた。正蔵師からは圓朝作の『大仏餅』も教えてもらい、大切に演じておられた。

私がこの噺を初めて聞いたのは一九七三年二月二三日。大阪の島之内教会で開かれていた「島之内寄席」の高座だった。「島之内寄席」は前年の二月からスタートし、ちょうどこの時が一周年の記念公演だった。当日の出番は前座から鶴瓶、米太郎、松葉（七代目松鶴）、音也、鶴三（後の六代目松喬）、（笑福亭）花丸（廃業）、松鶴と南陵による一周年の記念口上。中入のあとが呂鶴、春之助（現・四代目春團治）、南陵、朝丸（現・ざこば）、文我、米朝の順である。

朝丸さんが勢いのいい『みかんや』で、客席をおおいに沸かしたあと、文我師はいつものように出囃子の『せり』にのって首を振りながら飄然と高座に現れた。そして、この噺をふわふわとした口調でしゃべりはじめた。

「極楽の警官が地獄へ押しかけて、閻魔大王をはじめ、地獄中の役人という役人をひっくくって、極楽の牢屋へぶちこんでしまいまして……」と言ったところでピタリと噺をやめて、「これでこの噺はしまい！」と宣言すると、満員の客席を黙ってずーっと見回した。少し間を置いてから

「もういっぺん申し上げます。極楽の警官が地獄へ押しかけて、閻魔大王以下、地獄中の役人という役人をひっくくって極楽の牢屋へぶちこんでしまいまして……」

としゃべりはじめると、客席の片隅からサゲを悟ったお客さまの拍手がひとつ……ふたつ……あちこちからパラパラと起こり始めた。そして、「いま地獄にはだーれもおりまへん」という

ときには客席の半分近くが拍手をしている状態になった。そのあと、文我は声に出さずに口の動きだけで「死ぬなら……」まで言うと頭を下げた。そのあと、万雷の拍手がまき起こった。この時、まだ学生だった私は「落語てシャレたもんやなあ」といたく感心した。ちなみに、市販されているCDの音源では「死ぬなら」まで言って「いま」だけを無音にしている。お客の状態が悪く、趣向が伝わらないと判断したときには「死ぬならいま」と最後まではっきりと発音する時もあった。

その次には米朝師が登場。『口合小町』という、これまたシャレた小品でトリをとった。この日の「島之内寄席」がなかったら、私は「落語」の深みにはまることもなく、平穏だが退屈な一生を送っていたにちがいない……と思う。一生を決定した記念すべき一夜であった。

この時もそうだったが、文我師はトリのひとつ前の「モタレ」の出番にぴったりのお人だった。決してトリの邪魔にはならず、軽くウケさせて高座を陽気にほんわかと温めてからトリの出演者に渡す。得意ネタは『京の茶漬』、『あくびの稽古』、『くやみ』など。持ちネタの中には『千両みかん』や『崇徳院』といった大きなネタもあったが、それを軽く軽く演じてのけてくれた。

晩年には『子はかすがい』を初演して好評を博していたが、私は残念なことに聞いていない。まさか「晩年」があんなに早くくるとは思わなかったからである。

素面のときは実に穏やかな、もののよくわかったお人であった。
私が米朝独演会の楽屋へ出入りさせていただくようになって、文我師ともいろいろとおしゃべりをさせていただく機会ができた。ある時、小松左京先生が遊びに来られていて、私はそのときにまだ面識がなかったので、文我師に
「師匠。小松先生に紹介していただけませんか？」とお願いしたら即座に
「それはあかん。ぼくが紹介したら、ぼくの友達というレベルになる。こういうときはちゃーちゃん（米朝師匠）か枝雀くんに紹介してもらいなさい」
この一言は今でも私の心の底に残っていて、若い人を誰かに紹介する時でも、「私でいいのだろうか？　もっとふさわしい人はいないだろうか？」と考える。失礼な言い方だが、ご自分の立場をよくわきまえておられた方だったように思う。
落語に対する思いは濃厚で、ネタについての解釈や演出法など、枝雀さんとよく語り合っておられた。私の書かせてもらった新作を聞いてくれて、いろいろとアドバイスをいただいた。
ある時、何作かを枝雀さんに演じてもらっていささか有頂天になっていた私が
「今はネタの肩に『小佐田定雄作』というのが付いてますけど、いずれはそれが取れて古典みたいになったらええなあと思うてます」と言うと文我師はひとこと
「百年早い」

……そう簡単に古典落語になるものかというお叱りをいただいたこともおぼえている。

また、若いころの大師匠連中の「ウケなかった時の反応」というのをしゃべってくださったことがある。

「(三代目)染丸師匠はウケて高座から降りて来たときはニコニコと冗談を言うような雰囲気やったんやけど、ウケなんだ時は鬼みたいに恐い顔して、周りに八つ当たりしてました。

六代目(松鶴師)も三代目(春團治師)もウケなんだ時はご機嫌斜めやったなあ。

米朝兄さんはウケた時もウケなんだ時も変わりはなかったんやけど、ウケなんだ時は目がキラキラ光ってたんで、きっと内心ではむかついてたんやろなあ。

小文枝(後の五代目文枝)兄さんはウケた時もウケなんだときも同じ調子でニコニコしてたなあ。

五郎(後の五郎兵衛)兄さんはウケた時はすました顔してるけど、ウケなかった時はかえって陽気にふるもうてました」

私なりに分析してみるなら、染丸、松鶴、春團治の諸師はストレート型。米朝師は内向型。小文枝師は平然型。五郎師は屈折型……とでもなろうか。

こんな分析が大好きな理論派の一面、酒が入るとボロボロになった。からみ酒というやつで、うまいこと相手をむかつかせるのである。必殺技は右手と左手の人差し指を相手の目の前でX

字型に交差させて
「キミの落語……ペケ！」と全否定すること。当時の若手は、よくこの「ペケ」光線を受けていたものだ。
有名な話では、すっかり酔っぱらった文我師を小米時代の枝雀さんと朝丸時代のざこばさんがタクシーに乗せて自宅へ送り届けようとすると、車の中でグズグズグズグズグズ言い続けている。温厚な枝雀さんもさすがに腹に据えかねて
「おい、朝丸。なんぼ先輩でも、堪忍でけへん。ゴーンといてまおか」
と言うと、それまで黙っていたタクシーの運転手さんが
「その先にええ暗がりがおまっせ」
……運転手さんも腹に据えかねていたのである。
「わしはなあ、六十から味が出るねん」と常々言っていて、盆踊りの帰り道、自転車で転倒して五十九歳で急死してしまった。「死ぬなら今」と思いついた文我師一流のシャレ……かもしれないが、哀しくて笑えなかった。

昭和任侠伝

CD……昭和の名人完結編㉕(小学館)
桂春蝶追悼落語集(OMC)

東映の任侠映画華やかなりしころ、やくざ映画にハマってしまった八百屋の息子。なんとか一人前の任侠になろうと志して、彫物を入れに行くが痛いので挫折。刑務所に入ろうと八百屋でバナナを万引きするが叱られるだけで逮捕されることはない。自宅に戻って来て鶴田浩二の真似をして「右も左も真っ暗闇じゃあござんせんか」と嘆くと、あきれた母親が「あほんだら！　いま、停電じゃ！」

◎　　◎

枝雀門下の新作派・桂音也さんが創った新作芝居噺。「芝居噺」というと歌舞伎狂いの登場人物がその真似をするのだが、この噺では歌舞伎が任侠映画になっているわけだ。

音也さんは元朝日放送の花形アナウンサーで三十歳を超えてから会社を辞め、年下の桂小米(後の枝雀)さんの元に入門した変わり種である。古典落語が大好きだったのだが、身についた明瞭すぎるアナウンサー口調のために古典になじまず、自作の新作を演じることが多かった。作品としては『わぁ』や『四百四十年』、『羽衣』などの秀作があったが、いま演じられているのはこの作品だけである。古典でも『宿屋町』という噺の導入部を「伊勢詣りの帰りの喜六さん二十六歳と清八さん二十八歳は……」などとニュース調で語ったときは、さすが元アナウンサーと感心したものだった。

音也さんは一九七八年三月に四十一歳の若さで夭折してしまったが、もしお元気だったら後に訪れた「創作落語ブーム」で大きな存在になっていたかもしれない。

『昭和任侠伝』は先代春蝶さんの十八番で、その門人からよその一門の若手にも伝えられた。現在は「昭和」を外して単に『任俠伝』というタイトルで演じることも多いようだ。ちなみに、もとになっている映画のタイトルは『昭和残俠伝』である。

主人公が「任俠の道に入るには、こんなことをせなあかん」と思いつくのは、『蛸芝居』の登場人物が用事をしながら「こんなことしながらする芝居なかったかいなあ」というのと同じ趣向で、任俠映画ファンなら「そうそう。そこそこ」とワクワクする仕掛けになっている。

風呂屋で見た彫物にあこがれて「唐獅子牡丹」を入れてもらいに行くが、あまりの痛さに「オロナイン軟膏はござんせんか」と音を上げて彫師に「いいね！　いにさらせ！」と追い返される。ＮＨＫでは「オロナイン軟膏」は「赤チン」と言い換えていた。

そのあと、鶴田浩二の映画が必ず刑務所から出所するシーンから始まることに気づき、刑務所に入る算段を考え、手っ取り早い手段として万引きを思いつく。ポリボックスの前で露店でバナナを売っているのを見つけて、盗もうとしてとっ捕まる。

「しょっぴいておくんなせえ」と気取ってみるが、バナナ屋の大将は
「おまえ、角の八百屋の子やないか。家にぎょうさんバナナあんのに、なんで盗りに来たんや。やるさかい、いね」と相手にしてくれない。無理に頼んでポリボックスに連れて行ってもらうが、お巡りさんもしょうことなしに
「とりあえず調書とろか。住所は？」

「ねぐら持たねえ一匹狼でござんす」

「うそつけ！　おまえ、角の八百屋の子やないかい。堪忍したるさかい、いね」

「それではあっしの気持ちが許しやせん。勤めさせていただきます」

ここまで我慢して相手をしてくれていたお巡りさんも、ついに
「ここ職業安定所やないねんぞ！」と追い返す。

そのあと、自宅に戻って来てサゲのやりとりになるわけである。

ちなみに、「右も左も真っ暗闇じゃあござんせんか」というのは鶴田浩二のヒット曲『傷だ

らけの人生』の名フレーズ。任侠映画ファンだけでなく、国民みんなが知っていた。

現在も息子の三代目春蝶さんをはじめ、先代春蝶門下の方たちからよその一門の若手にも伝えられている。小品であるが名作だと思う。

先代春蝶さんはこの噺のほか、『ぜんざい公社』では官僚にふりまわされる小市民の「怒り」を泣き笑いで表現していた。あれこれ指示をする役人にストレートに抗議するのではなく、ひどい目に合っている自分が情けなくなって泣いたあと、泣いている自分の姿をも含めて笑ってしまう…という、とても都会的な反応を演じていた。この姿勢は『昭和任侠伝』の根底にも生きていたように思う。

一方、古典でも『植木屋娘』に登場する寺小姓の伝吉という二枚目が「和尚《おっ》さん、お呼びでございますか？」と登場する瞬間。手をついて上目づかいに和尚を見る一瞬の表情だけで、前髪に振袖を着た歌舞伎の色若衆の中性的な色気を表現していた。

また、『猫の忠信』では、嫉妬に燃える女房が亭主の友達に「悋気で言うのやおまへんで」と涙声で問い詰めるところのかわいさや、『たちきれ線香』で娘を失って哀しみの底に沈んでいる女将にも、闇の中に淡色の花が咲いているように陰な華やかさがあった。

先代春蝶は現代人のセンスと古風な色気をあわせ持った稀有な存在だったのだ。

善光寺骨寄せ

信州信濃の善光寺で額に頂くと極楽往生できる「血脈《けちみゃく》の御印」が大流行。大勢の人たちが頂いたために、亡くなってから地獄へ行く亡者が激減する。地獄への亡者誘致を考えた閻魔大王は、地獄の役人たちを集めて善後策を考える。そこで採用されたのは地獄に来ている泥棒が娑婆の善光寺に行って「血脈の御印」を盗みだしてくるという案。その役目を仰せつかったのが石川五右衛門。宝蔵に忍び込んで「血脈の御印」を盗みだしたまではよかったが、根が芝居がかった男だけに善光寺の山門で「まんまと善光寺の宝蔵に忍び入り、奪い盗ったる血脈の御印。これさえ手に入りゃあ大願成就。チエエ、かたじけない」と御印を押し頂いたら、五右衛門が極楽へシュューッ！

◎　　◎

東京では『お血脈』というタイトルで演じられている一席。冒頭に本田善光による善光寺建立の由来が付くのは東京と同じである。

「昔、上方では『骨《こつ》寄せ』という演出があった」と師匠から教えてもらった米朝門下の先代桂歌之助さんが東京から輸入して自分のものにした。米朝師にうかがった話では、骸骨は見台の上に載るような小さなもので、バラバラの骨が糸で結ばれていて、その糸を引っ張るとキュッと一瞬にして集まるという仕掛けだったという。

「骨寄せ」はもともと歌舞伎の演出で、墓場に散らばった骨がジワジワと集まってきて、やがて一体の骸骨となり、それが煙の中に消えると入れ替わりに幽霊に扮した役者が出現するというものだった。近年では十七代目中村勘三郎丈が『加賀見山再岩藤《かがみやまごにちのいわふじ》』……通称『骨寄せの岩藤』として復活。三代目市川猿之助丈（現・市川猿翁丈）が得意にしてたびたび上演していた。その歌舞伎の大舞台を見台の上の狭い空間で再現しようというのだから、実にシャレた演出だったわけだ。

先代歌之助さんは当初、紙芝居の枠……舞台とでも言うのだろうか……のようなものを作り、その中で骨を寄せるようにしていたのだが、後に骨を大型化し大ホール公演にも対応していた。噺の後半、いよいよ五右衛門の登場のシーンになると楽屋からお茶子さんが柄の長いチリトリのようなものを持ち出してくる。その上にはバラバラの骨がのっている。外国製の骨格標本用のパーツを元に手作りしたものを糸でつないであって、歌之助さんが何本かの糸を引っ張ると両手、両足が集まって来て、最後に頭蓋骨が一番上にのっかると完成。その間、下座からはお囃子が流れており、途中までは凄味ある『ねとり』という曲なのだが、途中から曲芸などに用いる『竹雀《たけす》』という陽気な地囃子に変わる。そこで歌之助さんは
「楽屋は完全に私をばかにしております」とぼやくのが常だった。
頭蓋骨が無事のっかったら囃子を止め、てっぺんにつながっている糸を引っ張って「骨の高笑い」を見せておしまい。
糸の本数が多いのでなかなか鮮やかにいかない。たいていは、どこかでつっかえて「あれ？　ちょ、ちょっと待ってくださいよ」なんてぼやきながらの作業になる。もっと言うならば、うまくいかないでぼやくところが「芸」になっているのだ。米朝師も歌之助さんが「骨寄せ」を始めるとご自分の楽屋から舞台のソデまでお出ましになり、高座で四苦八苦している歌之助さんの姿を見ては
「不細工なやっちゃ」と喜んで笑っておられた。たまにトラブルなしで成功すると
「なーんや。うまいことといってどないすんねんな」と機嫌を悪くして楽屋へ引き上げて行かれた。失敗して喜ばれ、成功してがっかりされる……という不思議な芸当なのである。
この骸骨、まさかむきだしでは持って歩けないので、大きな木製トランクの中に収めて運搬していた。

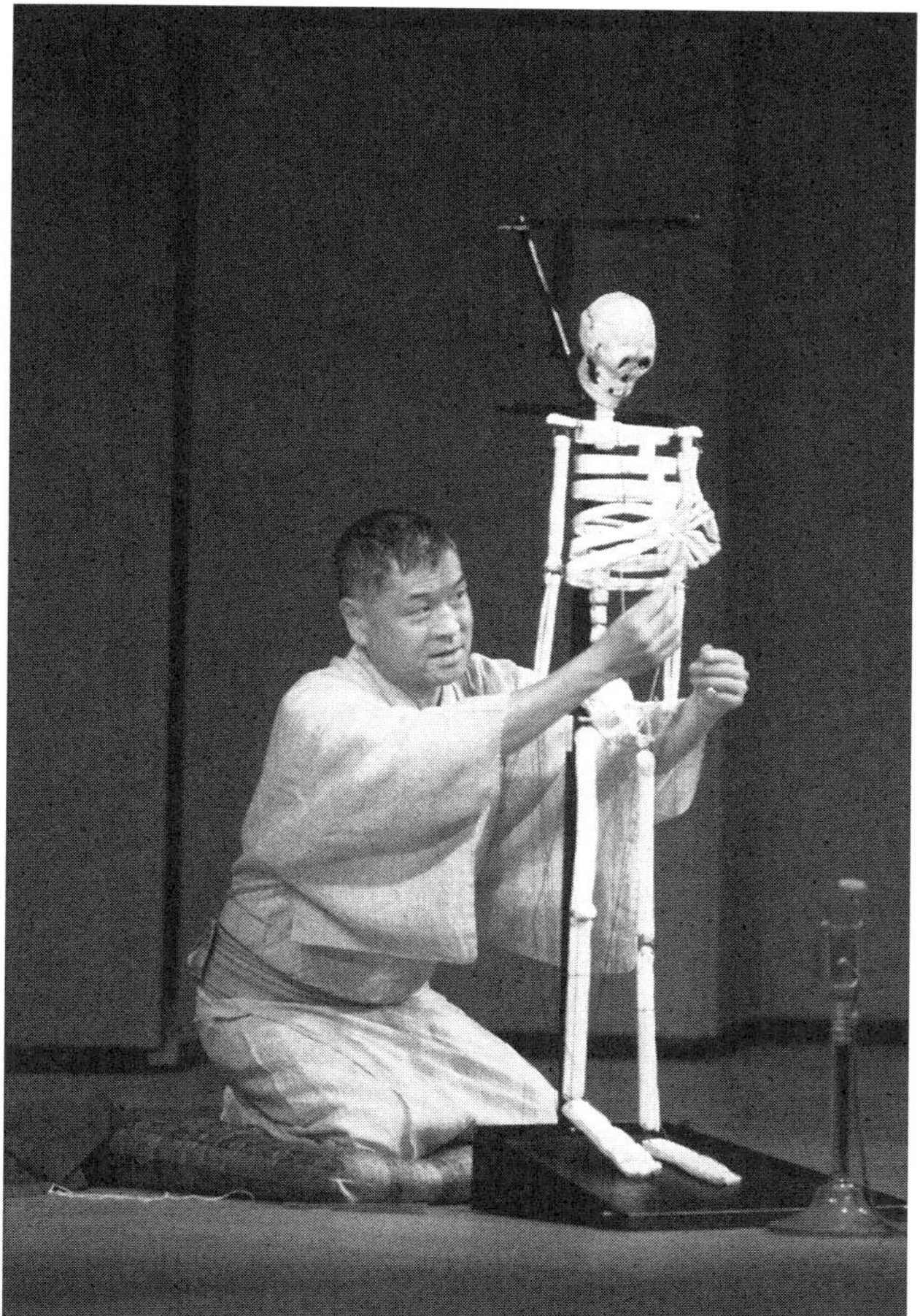

高座で手作りの骸骨を操る先代歌之助の雄姿（2000 年 7 月 15 日サンケイホールにて。撮影・宮崎金次郎）

東京では昔の上野本牧亭で年に一度のペースで独演会を開いており、一九八五年四月の会で、この噺を上演した。楽屋入りした歌さんは、トランクを開いて「骨」の準備をしはじめた。ちょうどその時、お手伝いに来た東京の前座さんが楽屋の襖を開けて「おはようございます！」と挨拶に来た。そこで、骸骨を前にニタニタ笑っている歌さんの姿を見て、かわいそうな前座さんは驚いて後ろへ飛び下がった。

東京の米朝一門会でこの噺を演じる時、米朝事務所は歌之助さんのために、当時まだ走っていた寝台車を手配してくれたのだという。同じ夜行列車でも寝たまま移動できる寝台車はちょっとぜいたくなものだった。「わしも値打ちが上がったもんや」と喜んでいた歌さん。何度目かの上京の際に

「いつもいつも『骨寄せ』ばっかり演ってたんでは申し訳ない。今回はひとつ勉強して、じっくり聞かせる素噺を演じてみよう」と殊勝な気持ちで「骨」を持たずに東京の楽屋に乗り込んだ。とたんに米朝事務所のマネージャーから

「骨はどないしたんや？」

「え？　あの、今回は置いて来ました」と答えると、マネージャーさん

「あんた一人で来るんやったら、なんで寝台車を手配せないかんねん！」

そこで歌さん、寝台車が「骨」のためのものだったことを知り愕然としたという。

この本人より値打ちのある（？）大切な骨にアクシデントが起こった。一九九三年のお盆のこと。大阪のサンケイホールで開かれた「米朝一門会」で歌之助さんはこの噺を演じた。終演後の打ち上げでしたたかに痛飲してＪＲ大阪駅から京都行きの最終近い普通列車に乗り込んだ……まではいいのが、ついつい寝てしまった。「きしべー。きしべ」という目的駅のアナウンスに目を覚ました歌さん、閉まりかけのドアをすりぬけてホームに降り立った……まではよかったのだが、骨の入ったトランクを車内に忘れて来たことに気がついた。あわてた歌さん、駅員さんを捕まえて

「い、いまの電車に忘れ物しましたんや。トランク、トランク。骸骨の入ったトランク！」

酔っぱらったおっさんから、こんな訴えを受けた駅員さんはさぞ驚いたことだろう。「骸骨の入ったトランク」の段階で、よく警察沙汰にならなかったことと思うが、そうならなかったのは歌之助さんの人徳と言おうか……。すぐに駅員さんが忘れた列車の停車する全駅に連絡してくれたのだが、「そのような物は見当たらない」との回答。その翌朝、ＪＲから

「骸骨の入ったトランク、見つかりました。うちの駅で保管してます」

「ありがとうございます。で、どちらの駅でしょうか？」

「こちら、西明石です」

歌之助さんが乗ったのは大阪から東へ向かう京都方面行きの上り列車だったのに、なぜ大阪

から見ると反対方向にある兵庫県の西明石駅で発見されたのか？

「深夜の京都駅のホームに大きなトランクを提げた骸骨が降り立って、トットコ歩いて下りの西明石行きの電車に乗り換えたんですな。これぞ左甚五郎と並ぶ『歌之助名人伝説』。おっちゃん、名人や！」と自慢していたことを思い出す。

こんな怪しい噺を演じているから……というわけでもないが、先代歌之助さんは「不幸を呼ぶ男」というあまりありがたくないキャッチフレーズを付けられていた。彼がなにか大きなことをやろうとすると不幸な事件や事故が起こるのである。

まず最初は七一年七月に生まれて初めての独演会を自宅の近所にあった大阪府守口市市民会館で開いた時のこと。当時はまだ「扇朝」と名乗っており、第一回「桂扇朝独演会」には開演十五分前の段階で六人のお客さまが来てくれた。駆け出しの落語家の会としては順調なすべりだしである。この調子で行くと、開演時間には三十人……いやひょっとしたら五十人のお客さまが詰めかけると予測していた。ところが、開演時間になってもお客の数は増えない。調べてみると、会場への唯一の足であった京阪電車の送電所に雷が落ちて、電車が完全に止まっていたのだ。六人のお客のままで会は無事終了したのだが、終わった瞬間に二度目の「びっくり」が待っていた。京阪電車がまだ動いていなくて、今夜の内の復旧は望めないということなのだ。心優しい歌之助さんは六人のお客様を自宅に連れ帰り、一夜の宿を提供したのである。あとで歌之助さんはこうボヤいた。

「これやったら、会場なんか借りんでも、はじめから自宅《うち》でやったらよかった」

それから二年後、世話する人があって大阪府堺市のあるお寺で独演会を開くことになったが、当日になって最寄りの駅に降り立つと迎えに来ていた世話人が
「えらいこっちゃ。会場のお寺が火事で燃えてしもた！」

次に大阪ミナミの自安寺で独演会を開こうとすると、会の前日に住職が亡くなって開催できなくなった。

七〇年四月九日に天神橋六丁目の会場を借りて会をしようとしたら、その前日に大きなガス爆発事故が起こって会場そのものが吹き飛んでしまった。俗に「天六ガス爆発事件」と呼ばれた歴史的事件である。

七二年五月には大阪キタの太融寺で会をしようとしたところ、前日にミナミの千日デパートの火災で、大勢の焼死者が出た。キタとミナミで関係はなかろう……と思っていたら、遺体を安置する場所がミナミのお寺だけでは間に合わなくなり、キタの太融寺も安置所になってしまい、とても落語をやる雰囲気ではなくなってしまった。

八二年二月に同じ太融寺で「やけくそ五日間」と題する五日連続の独演会を開いたところ、初日にはホテル・ニュージャパンが焼け、二日目には羽田沖での日航機逆噴射事件。その後、

歌手の江利チエミさんが急死したり、毎日なにか事件が起こっていた。一日だけなにもない日があったのだが、その日は「やけくそ五日間」の中休みの日だった。

八四年に二度目の「やけくそ五日間」をやった時は、ソ連のアンドロポフ書記長が亡くなり、歌之助さんの「祟り」も世界的規模になったと評判になった。

そして、病を得て一時入院したあと、復帰の独演会を開いたところ、楽屋のテレビ画面に「ダイアナ妃事故死」のニュースが飛び込んできた。

桂文太さん作の川柳に「大惨事　悲劇のかげに　歌之助」という名句があるくらい、なにか事件が起こると、「それは歌之助がなにかをしたからだ」という都市伝説が生まれた。

米朝師もおおいに興味を持ち、世間でなにか大事故がおこると、わざわざ歌之助さんのところへ電話をかけてきて

「おまはん、昨日はなんぞしてなかったかえ?」とたずねるので、歌之助さんもウソをつくわけにもいかず

「いえ、別になんにもしてなかったんですけど」と答えても、米朝師は

「いや、そんなことはないやろ。なんぞしてたにちがいない」と食い下がる。困った歌さん

「そういうたら……落語のお稽古をしてました」と答えると、米朝師、鬼の首を取ったかのように

「ほれみてみい。稽古なんかするさかい事故が起きるんや」

……稽古をして叱られたんは初めてですわ……と歌之助さん、ボヤいていた。

若いころは決して陽気な芸風ではなく、インテリジェンスが邪魔をする、とてもシャイな人であった。『道具屋』などのおなじみの笑いの多いネタを演じると、お客が笑う前にダレてしまって、おなじみのギャグも「こんなん、お客さん、よう知ってはりまっしゃろ」とさっさと突っ込んでしまうので笑いが起こらないこともあった。そのかわり、誰もがやらない笑いの少ない『尿瓶の花活け』とか『てれすこ』なんていう噺になると生き生きと演じていたのだから不思議な人だった。

そんな歌之助さんの芸が大きく変わったのは弟子ができてからのこと。九七年三月、ひとりの青年が歌之助さんの門をたたいた。「歌々志」と名付けられた青年は、子供のなかった歌之助さんに実子のように溺愛された。当時、ほかの落語家が会の前座に歌々志さんをたのむと、出番を頼んでいない歌之助さんも「フラリと遊びに来た」という風情で顔を見せた。そのころ、楽屋では「歌々志をたのむと、もれなく歌之助が付いてくる」などと噂していたものである。

そのころから歌之助さんの落語が堂々としてきた。自分の芸を慕ってくれる弟子の存在が自信を付けさせたのであろう。不得手と思っていた『寝床』などの笑いの多いネタで爆笑の渦を巻き起こした。そして、さらに大きな存在になろうとしていた時に、天は歌之助さんを迎えに

来てしまう。二〇〇二年一月二日、吉例の「桂米朝独演会」の初日のことだった。葬儀の当日は、とても寒い日で、参列者が口々に

「当人が生きてたら『こんな寒い日に死にやがって』なんてボヤいてたにちがいない」という天候だった。大勢の人たちが別れを惜しみに集まってきた。その様子を見た僚友の桂米輔さんがこう言った。

「今まで歌さんが主宰した会で、一番集まった人数が多かったでんなあ」

この芸は歌々志改め現・三代目歌之助さんに受け継がれ、伝承芸能となった。現・歌之助さんは先代の「骨」を参考にして、自作で新しい「骨」を造り、なんぞの時には披露している。但し、性能がアップしているので、先代より失敗する確率がぐんとダウンしたことが、へそまがりな我々には物足りないのである。

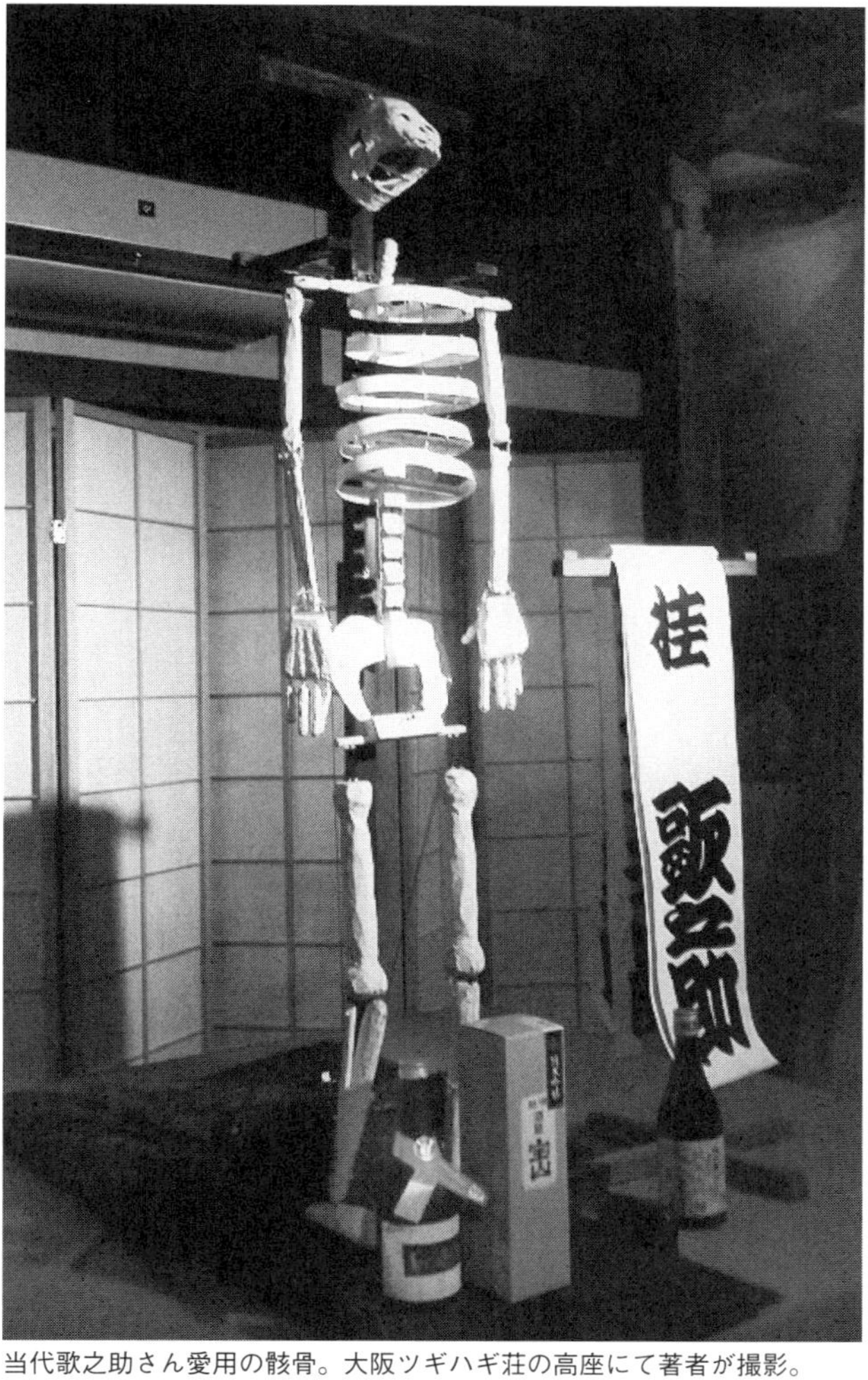

当代歌之助さん愛用の骸骨。大阪ツギハギ荘の高座にて著者が撮影。

高尾

CD……ビクター落語上方篇・橘ノ圓都③（ビクター）
栄光の上方落語〔橘ノ圓都〕（角川書店）
ビクター落語上方篇・三代目桂春團治④（ビクター）
上方落語名人選秘蔵版上方艶笑落語⑩〔三代目桂春團治〕（ケイエスクリエイト）
DVD…極付十番・三代目桂春團治（ワーナー）

裏長屋に住んでいる喜六は三年前に女房おちょねと死別して以来、やもめ暮らしをしている。ある日、深夜に目を覚まし雨戸を開けて小便しようとしていると、突然カカカンという鉦の音がして、驚いて小便が止まってしまう。音の主は隣に住んでいる道哲という坊主。立腹した喜六は、早速苦情を言いに行くのだが、道哲は「自分は元は島田重三郎という侍で、吉原の高尾太夫と深い仲になった。仙台の伊達綱宗公が高尾に惚れて身請けをしようとするが、高尾は言うことをきかない。怒った綱宗公は高尾を斬殺してしまったので、遺された自分は僧になり供養をしている。そして、高尾からもらった『反魂香』という香を焚くと高尾の姿が現れる」と説明する。目の前で香を焚くとほんとうに高尾の姿が現れたので、感心した喜六は道哲に「香を分けてくれ」と頼むが断られる。喜六は薬屋に飛び込んで「反魂香」を買うつもりが、間違えて「反魂丹」を買って帰る。カンテキに反魂丹を入れるとものすごい煙が立ち込める。

と、戸をトントンと叩いて「喜ィさん」と言う声。喜んだ喜六が「そちゃ女房、おちょねじゃないか」と声をかけると「あほらしい、隣のお梅。かんこ臭いのはお宅かえ？」

◎　◎

四代目桂文團治師から伝えられた三代目春團治師の流れ、二代目立花家花橘師から伝えられた五代目文枝師の流れ、橘ノ圓都師の伝えていた型があるが、ほぼ春團治師の専売になっていた噺である。私自身、文枝師のこのネタはラジオで一度聴いただけだ。

ファンの中でも「春團治師の魅力が最も出ているネタ」と言う人が多いので、ここは春團治師の型で話を進めよう。

「やもめ店賃ほどもうちに居ず」「屁をこいておもしろうもなく一人住み」と川柳を二つ紹介するところからマクラがはじまる。同じおならを一つこくのでも、大勢集まっているところでは「おまえ、いまやったやろ？」「俺、知らんがな」なんて話が発散するが、一人でこいてもおもしろくないという話になって、「一人で屁こいてみなれ。こんなおもろないもんおまへんで」と言って、「プーン」というおならの音のあと、自分の尻のほうを振り返り、正面をむいてうつむいたまま

「『フフ、しょーもない』……これでしまいや」

文字で書くとおもしろさは全く伝わらないが、この「しょーもない」という台詞と「これで

しまいや」という素に戻っての突っ込みの間のよさはまさに絶品であった。

喜六が目を覚まして小便に行こうとするのだが、寒いので辛抱して寝ようとすると、「ウィーッ」とおくびが上がってくる。「こらあかん。小便がこみあがって来よったな」とポツリともらす一言も、よく考えたら尾籠な台詞なのだが、そんな汚さは一切感じさせなかった。

長屋の総後架……共同便所に行くのが邪魔臭いので裏の戸を開けてジャジャジャジャジャーと用を足すと下座から「カン、カカカカカン」という鉦の音。〽ナマイダー、ナマイダーという下座の歌声。その後もしばらく「カーン……カーン……」という鉦の音が聞こえてくる。「トホホホホ。小便止まってしもたがな。ほっといたら淋病になってしまうがな」

小便を途中で止めて淋病になるかどうかは不明だが、喜六は音の主である坊主の家を訪れる。

東京でこの噺を『反魂香』というタイトルで得意にしていたのが八代目三笑亭可楽師。私自身、生の高座は知らないが録音が残っている。

「寂しいのは何かてぇますと、夜中のひとつ鉦ってぇやつ。カーン……カーン……。『幼子が形見に遺す風車』。〽なむやなむなむ、なんまいだぁ〜あ。カーン」

と言ったあと、主人公の台詞になって「ああ、気色が悪い」と噺に入っていく。この「幼子が……」と低い調子で語ったあと、とてつもない高い声で〽なむやなむなむ、なんまいだぁ〜あ……と歌い上げ、その直後にまた元の低い調子に戻って台詞になることで、夜の暗さ、寂しさをより深く感じさせてくれた。

そう、東西とも、まず夜の暗さと寒さを感じさせるネタなのである。

喜六が音の主の坊主・道哲の宅を訪れると、道哲は深夜に鉦を打つ理由を芝居がかりで語り始める。それによると、坊主は芝居の『伊達騒動』の登場人物である島田重三郎という二枚目侍の成れの果てで、死別した恋人・高尾太夫の供養をしていると説明する。高尾に伊達の殿様が横恋慕したが、「高尾、われに貞女を立て、いっかないっかななびかばこそ」と少し笑いを含んで言う場面で、道哲という貧しい坊主の姿からパッと燃え立つような二枚目の色気が出るような思いがしたものだ。

怒った伊達公が高尾を斬り殺してしまったので、高尾の供養のために、毎日念仏を唱えているというのだ。その話を証明するために、高尾からもらったという反魂香を火鉢に入れて焚いてみせる。すると、〽アアラ不思議やな、高尾の姿ありありと……という下座唄が入り、ドロドロという太鼓が入る。合掌していた道哲が目を開けると、目の前に高尾の姿が火鉢からスーッと現れるので、その姿を目で追う。この視線の動きで、高尾が下から上へスーッと現れた姿を想像させる。春團治師は動きが華麗なだけでなく、それ以上にリアクションで相手の動きを想像させる名人でもあった。

続いて春團治師は香の煙の中から高尾太夫の亡霊が現れてくる姿を見せる。このシーンこそが春團治落語の美学の集大成と言っていい。『皿屋敷』のお菊などの一般の幽霊は前かがみになって、両手を前に垂らして登場するのだが、春團治師の高尾の亡霊はドロドロという太鼓の音に連れて、左手を袖に入れたままの姿でスーッと、ゆっくりと真上にせり上がるのだ。春團治師は頭のてっぺんを糸で吊られるような気で演じると教えてくださったが、ゆっくりと真上に上がるという動きは舞踊の素養がなければ難しい演出である。

そして、なぜか右手にはちょっと開いた扇子の要の部分を持って、こめかみのあたりでプラブラさせている。美しい動きにうっとりしていると。突然、素に戻った春團治師がお客に問いかけてくる。

「これ、なにやってるかわかってまっか？　高尾のビラビラの簪。少《すけ》ないけど、節約しておまんねん」

動きが美しいだけに、緊張の緩和の落差の大きい場面である。

ラジオで演じる時などは「頭のねき（そば）で扇子ブラブラやってんの、なんやわかってまっか？」などと言葉を足しておられた。

ここのくだりは圓都師にも花橘師にもないくだりで、圓都師は「吉原の花魁は櫛笄はさしてもビラビラの簪をさしたりはしない」とおっしゃっていた。この型を春團治師に伝えた文團治師は「ゴジラ」というニックネームをいただいていたごつい風貌の人であった。その「ゴジラ」が扇子をブラブラさせながら高尾の幽霊の出を演じていたと思うと笑えてくる。

いずれにせよ、高尾の幽霊は春團治師が「見せ場」にしたのだと想像する。

余談ながら、花橘師のSPレコードを聴くと〽アアラ不思議やな、もみじの影添えて、高尾の姿ありありと……と歌っている。『高尾さんげ』という長唄の〽不思議や紅葉の影添いて、塚の後ろにすごすごと高尾が姿現れて……という文句がもとになっているのかと思うが、古くは入っていたものを省略するようになったのかもしれない。

高尾の幽霊を見た喜六は、急に自分も三年前に死別した女房の顔が見たくなり、反魂香を分けてくれるように頼む。道哲は貴重な品であるということと、これを焚いても高尾以外は出ないということで断る。それでもあきらめきれない喜六は、家に帰ると二十文の銭をつかんで夜中の往来に飛んで出る。

このシーンで春團治師は昔は「ないもせん銭二十文」と言っていたが、後年は六代目松鶴師のアドバイスで「ありもせん銭二十文」と言い直していた。現代の文脈で言うと「ありもせん」のほうが正解なのだが、昔の言い回し……例えば近松の『心中天網島』の中に「ないもせん銀山に」というフレーズがあるので「ないもせん」は間違いではなかった。かえって、そのほうが古風でよかったのに……と米朝師が教えてくださった。

圓都師と花橘師の演出では翌朝に出かけることになるのだが、ここは喜六の「逢いたい」と思う心の切実さを表していると同時に、幽霊を呼び出すなら夜中のほうが理にあっているように思う。
さて、表へ出た喜六はとりあえず薬屋へ行くことにする。夜中のことで店の看板が仕舞われていて、どこが薬屋かわからないが、「酒屋と薬屋は匂いでわかる」と言って嗅いでまわる。ここで春團治師は下唇をちょっと上下させることで、鼻がひこついているように見せてくれた。薬屋をたずねあてた喜六がドンドンと戸を叩くので、薬屋は驚いて出ようとするが、着物を着て帯を締めたところ体が前へ動かなくなる。女房に「柱といっしょにくってんねん」と教えられた薬屋が「その柱を切って捨てえ」と言うのは、この噺独特の言い回しで春團治ファンの間では「名フレーズ」のひとつに数えられている。
ようよう戸を開けると喜六は何を買いに来たのかを忘れている。店にある薬の名前をたずねて行くと、中に「反魂丹」という胃薬があったので、「反魂香」と間違えて買って帰る。我が家に戻った喜六は、「夜が明けんうちに」とカンテキ（七輪）に火を盛大におこし、その中に反魂丹を入れて団扇であおぎながら、高尾の真似をして「ああら不思議やな」と歌うのだが、一向に出てこない。首をひねった喜六が
「ああら、不思議やな……。ほんまに不思議やな」とポツリという一言は、おかしいけどなんだかせつない。業を煮やした喜六が買って来た反魂丹を全部カンテキに入れる。煙がもうもう

と立ち昇って、家じゅう煙だらけとなる中、表の戸をトントンと叩いて「喜ィさん。喜ィさん」と言う女の声が聞こえてくる。喜んだ喜六
「うちの嬶、粋なやっちゃなあ、あいつは。火の中から出たら熱いちゅうんで、表から下駄履いて来よんねん。表の戸をドンドン叩くは、そちゃ女房おちょねじゃないか」と言うと
「あほらしい、隣のお梅。かんこ臭いのはお宅かえ?」
紙などが燃えてきな臭い様子を「紙子臭い」……「かんこ臭い」と言った。
後半は一転して、喜六の愛妻物語になり、春團治師の美しさと可愛さが一度に味わえる噺になっていた。たまに女房を「おさせ」というアブナイ名前で演じることもあった。
叩き起こされた薬屋が、布団の中で外していた褌を探すシーンがあるのだが、放送などでは遠慮して、あわてて着物を上下逆に着ようとして女房から「さかさまやがな!」とたしなめられて「さかさま(母様)いのう」と言う型で演じていた。現在は門下で舞踊を得意とする春雨さんが大事に演じ、衣鉢を守ってくれている。

蛸芝居

速記……上方落語㊤（筑摩書房）
上方落語桂米朝コレクション⑦（ちくま文庫）
米朝落語全集増補改訂版⑤（創元社）
上方落語〔⑥笑福亭松鶴〕（講談社）
CD……ビクター落語上方篇・六代目笑福亭松鶴④（ビクター）
六代目笑福亭松鶴上方はなし（ビクター）
五代目桂文枝上方噺集成②（ソニー）
ビクター落語上方篇・七代目笑福亭松鶴②（ビクター）
昭和戦前面白落語全集―上方篇〔②立花家花橘『丁稚芝居』〕（エニー）
DVD…特選　吉朝庵①（EMI）
落語研究会　桂吉朝名演集（EMI）
五代目桂文枝（吉本興業）
落語研究会上方落語四天王〔⑤桂文枝〕（ソニー）

大阪船場に主人から番頭、手代、丁稚、女子衆《おなごし》まで芝居好きという商家があった。朝も丁稚たちを起こすために、旦那自ら一反風呂敷を素襖《すおう》の代わりに身にまとい、三番叟を踏みながら起こすありさま。そんな旦那のもとで働いている奉公人たちもいずれ劣らぬ芝居好き。丁稚たちは店先の掃除をしながら幕開きの水まき奴の真似をしたり、仏壇の掃除をしながら仇討ちものの一場面を再現して遊んでいる。ついには、子守をしながら大立回りを演じて、ぼんぼんを庭に放り出してしまい、「芝居の真似禁止」を命じられる。そんなことでめげるような丁稚たちではなく、店に入って来た魚屋をノセて芝居をさせ、魚屋が持って来た蛸までが芝居の真似に参加する。ついには、逃げようとする蛸を捕らえようとした旦那が蛸に当身をくらわされて気絶してしまい、蛸は悠々と六方を踏んで明石の浦に帰って行く。お使いから帰って来た丁稚が旦那を介抱すると、旦那「毒消し持って来てくれ。蛸にあてられた」

◎　◎

ある意味で最も上方落語らしい上方落語である。「はめもの」という下座音楽は、通常落語の間にはめ込まれるものなのだが、この噺に限っては下座音楽の隙間に噺が入っている。

朝起こすのに、旦那が砂糖の紙袋を烏帽子にしてかぶり、身に一反風呂敷をまとって素襖に見立てて三番叟を踏む。現在の歌舞伎で「三番叟」というと『舌出三番叟』、『操三番叟』、『二人三番叟』などというように一幕の舞踊劇となっている。明治時代以前までは、劇場にお客を入れる前に大部屋の役者が『三番叟』の一部を踊るのが一種の儀式になっていた。これを「番立」と呼ぶ。開場前の芝居小屋で「二番太鼓」を打ち上げると同時に、「三番はじまりーっ！」という声が掛けられ、それから「番立」が始まるという順だったらしい。

歌舞伎の世界ではなくなったようだが、文楽のほうでは今でも国立文楽劇場の昼の部の開演十五分ほど前に緞帳が開き、浅葱幕の前に二人遣いの人形が登場して『三番叟』を踏むという風習が残っている。この時、幕の内がわから「三番はじまりーっ！」と声をかけている。そんな古風な歌舞伎のしきたりが、この噺には保存されているのである。

旦那が〽おーそいおそい、夜が明けたりや……と謡いはじめるのは『三番叟』の〽おーさえおさえ、喜びありや……という冒頭のフレーズのもじりになっている。

「丁稚、女子衆、起きよー、おんば」という旦那の台詞をきっかけに下座から『三番叟』の三味線、太鼓の音が聞こえてきて、旦那はそれにノッて気持ちよく足拍子を踏んで、寝ている奉公人たちの枕を蹴ってまわる。

「下座から聞こえて来る音楽は、落語の世界ではいったいどこから聞こえてくる設定になっているのですか？」などと理詰めの質問をしてはいけない。この噺には、全編にわたってお囃子が入るのだが、これはすべて登場人物の頭の中で鳴り響いている「心の音」なのである。

さて、旦さんの『三番叟』で心地よく目覚めた定吉と亀吉は、早速店先の掃除を言い付けられる。芝居好きの二人はこんな会話を交わす

「こんな掃除しながらする芝居ありましたなあ」

このフレーズこそが、この噺のテーマと言っていい。つまり日常生活のひとこまひとこまで、きっかけを見つけては歌舞伎の真似をしようという「文化的」な活動を、聞き手は「おっ。また芝居の真似をはじめよるぞ。……ほらほらはじめよった！」と笑うという、なかなか高度な

笑いのパターンの連続でできている噺なのである。

まず二人は、幕開きに登場する武家の塀外で掃除をしている水まき奴になって芝居を始める。「あんた、定吉やさかい『定内』になんなはれ。わたい、亀吉やさかい『亀内』になります」

歌舞伎に登場する奴は「知恵内」とか「宅内」とか「○内」という名前が代表的である。そこを押さえているあたり、この丁稚さんたちもただ者ではない。ちなみに『筍手討』という小咄に登場する「可内《べくない》」という名前は、江戸時代の武家の下男全体を指す通称だったという。

二人で機嫌よく台詞のやりとりをした後、亀吉が「俺について、こう来いやい」と言うので、二人連れだって向かいの路地を花道に見立て入って行く。

二人一緒にしておくと芝居をすると気づいた旦那は、別々の用事を言い付ける。現行では定吉は仏壇の掃除、亀吉は庭の掃除を言い付けられることになるのだが、「名作落語全集」⑤(騒人社)に収められている初代桂小春團治の速記を見ると、定吉は仏壇の前に坊《ぼ》んのおもちゃ箱の片付けを言い付けられる。そこでも定吉は、独楽を回すときに使う長い紐を捕り縄に見立てて
「八重にもつれしこの捕り縄、解くか結ぶか今宵のうち、この家のハゲちゃん腕まわせ」

と目をむいているのを旦那に見つかり
「誰がハゲちゃんじゃ！」と叱られるくだりが入っているが、今は省かれている。

一方の定吉は仏壇を掃除しながら、位牌を前に置いて仇討ちを願う浪人者が嘆いている芝居の真似を始めている。

「伶光院殿貴山大居士様《れいこういんでんきざんだいこじさま》」と言うと定吉の頭の中にお囃子が鳴りはじめ
「先年天保山御幸《みゆき》の折、何者とも知れぬ者の手にかかり、あえないご最期。おのれやれ……とは思いましたなれども、まだこの定吉は前髪の分際。その前髪を幸に、当家へこそは入り込みしが、合点《がてん》のいかぬはこの家のハゲちゃん。今に手証を押さえなば、ハゲの素っ首打ち落とし、修羅のご無念晴らさせましょう」と目をむいていると、背後から
「誰がハゲちゃんや」と旦那に小突かれることになる。おそらく、こちらのエピソードのほうがわかりやすいので、独楽の紐のくだりはカットして、位牌だけを残したのであろう。

次に旦那は坊んの子守を命じる。のっけのうちは一生懸命あやしていたが、坊んがなかなか泣き止まないので途方に暮れる。……と、その時、魔のフレーズが頭をよぎる。

「そやそや。赤子を抱いてする芝居があったなあ」

ここから定吉は幼い若君を抱いて落ち延びて行く二枚目の侍になりきってしまう。その様子を見ていたのが庭で掃除をしていた亀吉。

「こういう時には追っ手がかかるもんや。『捕《と》ったた』になったろ」と捕手になって箒を振り上げてかかってくる。ちなみに、歌舞伎の世界では捕り手のことを「捕ったた」と呼ぶ。容疑者を

取り囲んで十手を振り上げて「捕ーった」と言うからである。

気持ちよく大立ち回りをした挙句、夢中になった定吉は抱いていた坊んを庭に投げてしまうのだ。明治時代に上方落語の主流派で地味と言われていた「桂派」では仏壇の阿弥陀さまを投げることになっているが、赤子を投げるのは陽気好みの「三友派」の型だという。

旦那に叱られて、あわてて坊んを抱き上げた定吉だが、なんと坊んの首がない。あわてていると、旦那が
「坊んがさかさまやがな!」と注意する。それを聞いた定吉は
「さかさまいのーお」

……子役が母親に呼びかける「かかさまいのーお」という台詞のパロディで答えたのだ。

ついに堪忍袋の緒を切った旦那は定吉と亀吉に
「今度芝居の真似したらひまを出すで!」と宣告する。しかし、そんなことでへこたれるような二人ではない。

「わたいらが芝居したらおひまが出まっさかい、表から来るやつに芝居させまひょか」

そこにやって来たのが魚屋の魚喜。この男も芝居好きだから仲間に引き込むには最適任だ。

「ここから『鳥屋触れ《とやぶ》』かけたりまひょ。ノッて芝居しよりまっせ」

「鳥屋触れ」というのは役者が花道の揚幕を出る際、「鳥屋」(花道揚幕の中の小部屋)から役

者の屋号を叫んで出を知らせた風習。現在は滅んでいる。が、唯一『義経千本桜』川連法眼《かわつらほうげん》館の場で狐忠信の登場のシーンに使っている。忠信の出の瞬間、花道に照明がつき、揚幕がチャリンと開き、鳥屋の中から「出があるよっ！」という大声がかかる。お客が驚いて揚幕に目をやっているスキに正面の階段の中から忠信が出現するという仕掛けである。今は「鳥屋触れ」がわからないので「声を掛ける」という表現で演じる人が多い。

さて、「魚屋ーっ！」という鳥屋触れを聞いた魚喜は予想通りに芝居を始める。〽鯛や鯛々、大坂町中売り歩く……という下座唄にノッて右手で手ぬぐいをクルクル回しながら荷を担いで店の中に入って来る。気分は花道を登場する花形役者だ。この唄、『夏祭浪花鑑』の道具屋の場で魚屋の団七九郎兵衛が花道から登場する場面で使うし、『女殺油地獄』では油屋与兵衛の花道の出に〽あぶらあぶらと大坂町中売り歩く……と文句を替えて使われている。

入って来た魚喜、旦那の前に荷を下ろすと

「へい、旦さん、なんぞ御用はごわりまへんか？」

さすがの旦那もあきれて

「そら何を言うねんな。うちは役者が多うて困ってんねがな。で、どんな魚があんねん？」

とたずねると、魚喜は気取って

「豊島屋ござをはねのけて、尾上鯛蔵、中村蛸助、市川海老十郎……」

などと役者らしい名前を並べてのける。「豊島屋ござ」とは摂津国豊島郡で製造されていた「豊島ござ」のシャレで、酒樽を包んだり、雨具として使っていた。魚を入れた桶の上にその豊島ござをかけていたのだろう。「豊島屋《てしま》」というのは歌舞伎役者の屋号のひとつ。

鯛と蛸を買ってもらうことになった魚喜は蛸を擂り鉢で伏せておいて、鯛を持って井戸端に出て三枚におろしにかかる。鯛に包丁を入れると

「ええハラワタやなあ。そや、こんなハラワタ使うてする芝居あったで」

と『仮名手本忠臣蔵』六段目の勘平腹切りの場の真似をはじめる。

「血判確かに」とハラワタを摑んだところ血があふれ出したので、あわてて手を振ったところ、井戸側にのせておいた釣瓶に当たってしまい、釣瓶が井戸の中にドブーンとはまってしまう。魚喜、井戸側に片足をかけると釣瓶縄をつかんで柱巻きの見栄をして、

「アアラ、怪し」

と、定吉が走って来て

「いぶかしやなァ」

両人が見得をしているバックには『千鳥』というお囃子が流れてくる。

六代目と七代目の松鶴が見せてくれた古い型では、ここで女子衆のお清が、ササラを縦に持って振りまわす。ササラとは細かく割った竹を束ねて茶碗などを洗う時に使うもの。これを縦

に持つことで、古風な芝居で水しぶきを象徴する「水気（すいき）」という細い竹の棒を銀紙で包んだものを動かして見せた真似をしているわけである。

この様子を見ていた旦那が

「魚喜。おまえ、こんなとこで目ェむいてる場合やあらへんで。表の盤台から、横町《よこまち》の赤犬がハマチをくわえて行きよったで」と教えてくれる。魚喜、驚いて

「すりゃ、ハマチの一巻《いちかん》を。遠くへ行くまい、オオそうじゃ」と駆け出して行く。

古い型では犬は鰤《ぶり》をくわえて行くことになっていて、魚喜も「すりゃ、鰤子《ぶりこ》の一巻を」と言うことになっていた。実際に「鰤子《ぶりこ》の一巻」というものがあるかどうかは知らない。おそらく「瓜子の一巻」とかなんとかいう宝物のもじりではなかろうか。

魚喜が走り去って行ったあと、旦那は定吉に「蛸は酢蛸にするさかい、酢を買うて来るように」と言い付ける。ここで、ようやくこの店にも静寂の時が訪れる。

ところが……である。ここからが大騒動の幕開きとなる。

「この様子を聞いておりましたのがすり鉢の中の蛸で……」

この語順はゆるがせにしてはいけない……と米朝師に教えていただいた。一番隠しておきたい情報は後ろにまわすのが鉄則で、例えば「この様子をすり鉢の中で聞いておりましたのが」と言ってしまうと「蛸」が早くバレてしまって意外さが薄れてしまうのだ。落語が言葉の芸で

あることのよい例である。

蛸もこの店に買われるくらいだから、当然歌舞伎好きだ。二本の脚をすり鉢の縁にかけると、深編笠の侍が笠をゆっくりと上げながら顔を見せていく要領でジリジリとすり鉢を持ち上げていく。そして、すり鉢を持ち上げ切ると、それを横に持って大きく見得をする。目を真ん中に寄せて口をとがらせた「蛸の見得」は故人では五代目文枝師と吉朝さんが絶品だった。

蛸は囃子にのってゆるゆると逃亡を企てる。八本の脚の二本を自分の体に巻いてぐっと結ぶと「丸絎《まるぐけ》の帯」という荒事の主人公が締める芯に綿の入った丸くて太い帯になる。そこへレンゲ（すりこぎ）を差して刀の代わりにすると、布巾を取ってほおかむりをする。自分の体に墨を吹き付けると「黒四天《くろよてん》」という「時代だんまり」の主役の代表的なコスチュームとなる。出刃包丁を取り上げると壁の柔らかい部分を切り抜き始める。その物音に気付いた旦那が「猫がわるさしとんねやろ」と台所へやって来てその光景を目撃し「猫やと思うたら蛸やで」とつぶやくのは松鶴師のフレーズだけど、音の調子が実におもしろい。そのあと「うちはほんまにけったいな家やなあ。買うた蛸まで芝居してくさる」

感心していないで、蛸をヒョイとつかまえたらよかったのだが、そこは芝居心のある旦那だから、歌舞伎の型にのっとって捕まえようとする。蛸の差しているレンゲの鐺《こじり》を持つと後ろへ引っ張った。蛸がトントントンと三足下がったかと思うと、ふりむきざまに墨を旦那の顔にブーッと吹き付ける。と、あたり一面が真っ黒けになって、ここから暗闇の中で探り合いする「だんまり」のシーンになる。『草笛合方』というゆったりした音楽に合わせてゆっくりと手探りで動きまわるだけの場面なのだが、歌舞伎好きの演者は、この場面の動きを実に丁寧に、そして克明に演じてくれる。やがて、蛸は旦那に当身をくらわせて

「口ほどにもないもろいやつ。この間《ま》に、ちっとも早く明石の浦へ。オオそうじゃ」

と言い捨てて『引き取り三重』という曲に合わせて六法を踏んで去って行くのがオーソドックスな型。染丸さんや七代目松鶴さん、吉朝さんというような芝居好きはここで『勧進帳』の弁慶の引っ込みに使う『飛び去り』という囃子を入れて、「飛び六法」で去って行く演出を取っていた。一回でも多く目をむきたい芝居好きらしい演出である。

蛸が立ち去ったあと、定吉が戻って来る。

「旦さん、酢ゥ買うてきましたで」

それまでの蛸と旦那の「だんまり」というシュールな非日常的な状況が、定吉のあまりにも間抜けな一言で日常の世界に引き戻される一瞬だ。倒れている旦那を発見した定吉は

「旦那さまいのお」と芝居がかりで助け起こすと、旦那も合わせて

「オオ、定吉か。遅かった遅かった……」

「まだ芝居やってなはんのか?」

「定吉。黒豆三粒持って来てくれ。蛸にあてられた」

となる。松鶴師は「世はまじない、加持祈禱てなことを申しまして……」というマクラの中で「蛸に中毒したら黒豆三粒食べたらええ」というまじないがあることを仕込んでいたし、文枝師など「これがサゲになりますんで、お覚えおきを願います」とまで言っておられた。現・染丸さんは、蛸を持って来た魚喜に旦那が「この蛸食うたら黒丸三粒食わないかん……てなことないやろな」と質問することで、この「まじない」をさりげなく説明していた。

「黒豆三粒」を「毒消し」に変えたのは米朝師である。

米朝師の『蛸芝居』はスタジオ録音盤で、レコードの「桂米朝上方落語大全集」（ＥＭＩ）の第一集から第十集までを購入した人に贈られた特典盤に収められている。

吉朝さんの『蛸芝居』にはひとつ思い出がある。二〇〇三年一〇月、福岡で「夢三夜」という落語会があり、その一日が「米朝・吉朝ふたり会」だった。前座なしの本当に二人だけの会である。まずトップに吉朝さんが上がり、続いて米朝師。中入休憩を取って、トリは吉朝さんが一席演じてお開きというプログラムだった。私も構成担当ということで楽屋に控えていた。

米朝師が吉朝さんに

「おまはん、今日はなにを演るつもりや？」

「はい。のっけに『皿屋敷』を演らせていただいて、二席目はなんぞお客さんに合うたもんをやらせてもらおと思うてます」
と吉朝さんが答えると、米朝師は
「わしは『らくだ』をやろうかな。こういうときは、あと一席は『蛸芝居』がええと思う」
師匠の声は神の声である。「はいっ」と答えた吉朝さん、自分の楽屋に戻るなり連れて来てい
たお弟子さんたちに「全員集合!」と号令をかけた。「全員」と言っても、その時に福岡に同
行していたのは三味線の大川貴子さんのほかは、しん吉さんと吉坊さんの二人だけ。
「しん吉はあの場面では笛吹かなあかんさかい、太鼓は吉坊が叩け。そのあとは、ツケが入る
さかい吉坊がツケでしん吉は太鼓や」という調子で鳴物の担当を決めて行く。こういうとき、
作家というのは気楽なもので
「うわあ、困っとんなあ。落語家て大変やなあ。けど、旅先で吉朝さんの『蛸芝居』が聞ける
やなんて、ラッキーやなあ。客席に回って、ゆっくり聞かせてもらお」と高みの見物を決め込
んでいたのだが、いよいよ打ち合わせが蛸が飛び六法で逃げて行くシーンまでたどりついたと
ころで、吉朝先生
「ここは、しん吉が笛やさかい吉坊は太鼓……。あれっ? それやったら、ツケ打つやつが居
てへんやないか。ツケなかったら、六法、格好つけへんちゅうねん。……困ったなあ」と思案
しはじめた。しばし考えたあと、ふと顔を上げると、廊下でぼんやりたたずんでいた私に

「ちょっと！　小佐田はん。ちょっとおいなはれ」とにこやかに手招きするではないか。

「なんですか？」

「あんた、歌舞伎、好きでっしゃろ？」

「ええ、まあ好きなほうですけど」

「ほたら、『勧進帳』、見たことおますな？」

「そら、もちろん何べんも見ました。團十郎も幸四郎も吉右衛門も猿之助も……」

「いやいや、そんなことはどうでもよろしいねん。あの飛び六法のとこの『飛び去り』ちゅう太鼓、知ってますやろ？」

「はいはい。よう知ってますけど」と答えると、吉朝さん、にっこり笑って
「よかった。それ、あんたに打たせてあげますわ」

私に「いやそれは」と断る暇も与えず
「はーい、役割分担決まりした。かいさーん！」

と吉朝さんは解散を宣言してしまったのだ。ゆっくりと吉朝十八番の芝居噺を見物しようと思っていたのに、それどころではなくなってしまった。

吉朝さんの『皿屋敷』、米朝師匠の『らくだ』が済んで中入になり、いよいよ、トリの吉朝さんが高座へ上がって『蛸芝居』が始まった。それまでは「なんとかなるわい」と思っていた

はずなのに、出番が近づくといやーな汗が出てきはじめた。いよいよ、蛸の六法の直前になると、それまで太鼓を担当していた吉坊クンが立ち上がり

「先生、どうぞ」と席を譲ってくれたものだから、いよいよ緊張は増大。撥を持った手にジーワッと脂汗がにじんでくるのがわかった。「手に汗握る」という言葉があるが、その時私は「手に撥と汗」を握っていたわけである。と、そこへ楽屋から米朝師がお出ましになって、高座の様子を見ようと、下座に座っている私と高座の吉朝さんのちょうど間にお立ちになった。高座の様子が見えなくなったので、私は隣に居た吉坊クンに小声で

「おいっ！　ちゃーちゃん（米朝師）に、『おっさん、邪魔やから退け』ちゅうて来い」と命じたのだが、吉坊クン、激しく首を振って

「ぼ、ぼく、言えませんっ！」と断った。そうこうしている内、米朝師も無事に楽屋へとお戻りになり、いよいよ蛸の六法になった。吉坊クンがバテバテバテバテバーッタリとツケを打ち上げると「イヤーッ」と声をかけて撥を振り下ろした……ところまではおぼえているが、あとは夢中でなんとか打ち終わった。無事にサゲまで演じ終えた吉朝さんの楽屋に「おつかれさまでした。不慣れな太鼓でやりにくかったんちゃいますか」とたずねると

「いやいや、そこらの前座さんよりはちゃんと打ててましたで」

こういうふうに、皮肉な言い方をする吉朝さんのことが私は……大好きだった。

田楽喰い

速記……米朝落語全集増補改訂版⑤
　　　　桂米朝コレクション⑧（ちくま文庫）
CD……桂米朝上方落語大全集第４期③（ＥＭＩ）
　　　　春團治三代初代桂春團治⑬（クラウン）

　酒は飲みたいが金の持ち合わせがない町内の若い衆たち。一計を案じて兄貴分の男の家にある酒にありつくことに成功する。兄貴も、町内の豆腐屋が味噌田楽の販売を始め、たくさんの田楽を持って来たところだというので、それを肴に宴会を開くことにする。すると、中の一人が「ただただ飲み食いするだけではおもしろくない。『ん』と一つ言うと田楽を一本食べることができる『ん回し』という遊びをしよう」と提案したので、一同で「ん回し」が始まる。「れんこん」で二本、「にんじんだいこん」で三本と次第に増えて行って、しまいには火事の半鐘の「ジャンジャン」、鐘の「カンカンカン」、消防ポンプの「ウーンンンン」という音を延々と言い続けて田楽を食い続けるやつまで出てくる。調子にのって食べていると中にまだ焼けていない田楽があったので苦情を言うと「おまえは火事やさかい、あんまり焼けんほうがよかろう」

初代桂春團治師のレコードでは前半に『寄合酒』という、町内の男たちが集まって怪しげな「男の料理」を試みて失敗する噺が付いているが、「もともとは別の噺やった」と米朝師から教えていただいた。

◎　◎

現在演じられているのは米朝師が演じておられた型で、前半は兄貴の家へ行って、なんとか「うちの酒を飲め」と言わせようと策をめぐらせるくだりが聞きどころになっている。

「若い連中の顔が揃うたんで一杯やろかということになりまして、一升瓶十本手回しましたんや。ところが、これだけの人数が飲む場所がないんで、兄貴とこの奥の座敷を貸してもらおと思うて」と頼みにきたので許可してやると、後から駆け込んで来た男が

「一升瓶十本、落として割ってしまいました」と報告する。予定ではこの段階で、代わりの酒を買いに行こうとすると、兄貴が

「おまえら、この菰樽が目に入らんのか。これをみんなで飲め」と言ってくれる……はずだったのだが、意外にも兄貴の口から出たのは

「どこで割ったんや?」という質問。予想していなかったので、答えはしどろもどろ。

「日本橋《にっぽんばし》一丁目の交差点で」、「上本町六丁目で」、「天王寺の西門のとこで」、「霞町の恵比須のとこで」とコロコロ変わるので、兄貴も

「じいわり考えたら、電車道を四角に回ってけつかんねん」とあきれる。この噺の舞台になっている時代には、この四つの場所を市電が走っていたことがわかる。

「ん回し」のフレーズは、昔から伝わっている古典もあるし、演者のオリジナル作品もある。古典でよくできているのは「千松死んだか千年万年。辛苦艱難仙台御殿」という義太夫の『伽《めい》羅《ぼく》先代萩《せんだいはぎ》』をモチーフにした作品。作者の名前は残っていないが、名作だと思う。火事のひとつ前には「先年、神前苑の門前の薬店……」と四十三個「ん」が並ぶ作品もあるのだが、こちらは名作というより「労作」であろう。

オリジナル作品としては「パンビタン」や「グロンサン」など薬の名前を羅列する作品や、今はなき電電公社を遣った苦心の作もあるが、私の一番のお気に入りは

「〽デンデンムシムシかたつむり……」と童謡を歌い出す男。

「どうや。もう、二つも出てきてるやろ」と自慢しながら歌い続ける。

「〽おまえの目玉はどこにある、角出せ槍出せ目玉だせ……」と歌い切ってからポツリと

「二本」と言う肩透かしのおもしろさは無類である。

これは、二〇〇四年四月一四日に四十七歳で夭折した桂喜丸さんのアイデアだったと記憶する。喜丸さんは桂ざこば門下の二番弟子。ざこばさんが「朝丸」を名乗っていた時期なので「丸」が付いている。ちなみに兄弟子の一番弟子は「都丸」といっていた現・塩鯛さん。すぐ

下の弟弟子は出丸さんで、その次からは師匠が「ざこば」を襲名した後に入門したので「わかば」、「ひろば」、「ちょうば」、「そうば」、「あおば」、「りょうば」と「ば」繋がりになっている。

出丸さんが今でも「ざこばの三番弟子」と自己紹介しているのは、一門では今でも亡くなった喜丸さんをメンバーとしてカウントしているからである。

大きな顔、コロコロしたボディ、短い手足で楽屋で座っていると、まるで熊のぬいぐるみが置いてあるように見えた。彼が楽屋入りすると、あたりにとてものどかな空気が漂ったものだった。

その喜丸さんの愛称は「きまやん」。そして「天然」。「天然ボケ」の略である。「天然」と呼ばれるようになったきっかけは、ある落語会の楽屋でのこと。先輩の桂吉朝さんが受賞したというので、みんなが口々に「おめでとうございます」と祝辞を述べていた。そこへやって来た喜丸さん。早速祝辞を申し上げようと吉朝さんの前に立つと「兄《にい》さん、おめでとうございます」と言ったあと、なにか一言付け加えようと思って「けど、なんでまた？」と失礼な質問をしてしまった「なんでまた事件」が有名であるが、ほかにもいろいろとあり、なんと米朝師が被害者になったことがある。

京都の安井金比羅宮で隔月に開かれている「桂米朝落語研究会」は米朝一門の道場である。一門は上は枝雀さん、ざこばさん、南光さんから、下は入門してから間もない若手まで、一席演じたあとの反省会で、高座の横で聞いていた米朝師匠からのダメ出しを受ける。
二〇〇二年四月一〇日のこと。雀松（現・文之助）さん、八天（現・文都）さんに続いて、当日『化物使い』を演じた喜丸さんの番がめぐってきた。米朝師が
「次は喜丸の『化物使い』やが……噺の前半に『化物が出て来たら使うたったらええ』と言うてしもうたらあかんがな。あれは、『化物を使う』という趣向を聞かせる噺やねんさかい」とお叱りの言葉を発すると、普通のお弟子さんなら
「すいませんでした。ありがとうございます」と素直に反省するのだが、この時の喜丸さんは、なにを思ったのか、米朝師の指摘に対して師匠の顔を見て
「……やっぱり」と答えた。その時の米朝師の反応はおぼえていないが、おそらく米朝師のアドバイスに「やっぱり」と答えた強者は空前絶後だと思う。
こんな「伝説」を聞いていたものの、私はすべてを信用してはいなかった。落語家独特の尾ひれをつけたゴシップだと思っていた。だがそれが誇張でないことを知ることになった。
ある日、喜丸さんから電話がかかってきて
「あのー。ちょっと教えていただきたいことがあるんですけど」
「なんやのん？」と私が質問を待っていると、喜丸さん、ちょっと考える間があって一言
「……わかりまへんわなあ」。

質問する前に勝手にあきらめるなよ！　と突っ込みを入れかけて、「なんでまた事件」と「やっぱり事件」を思い出し、あれがノンフィクションだったことを思い知った次第である。

今になってみると、喜丸さんは「天然ボケ」というよりも、ひとより気が回りすぎるのではないかと思う。いろいろと気を使いに使ったあげく、最適な言葉のひとつ先の言葉をチョイスしてしまうのが「天然」の由来だと思うのだ。

喜丸さんは、いろんな場所で小さな勉強会を展開していた。周囲への気配りができない人であるはずがない。きちんとしているはずなのに、どこか抜けている。落語国の住人は、きっと「きまやん」のような人だったにちがいない。

彼が頭痛薬を買いに行った薬局の前で倒れたというニュースを耳にしたのが二〇〇四年の三月末。それから二週間、目を覚ますことなく、あちらへ行ってしまった。あまりにあっけない「お別れ」に、仲間たちは

「あいつ、自分が死んだことに、まだ気が付いてへんで」などと言って無理に笑おうとした。

天王寺詣り

速記……上方落語〔⑤笑福亭松鶴〕（講談社）
落語名人大全〔⑤笑福亭松鶴〕（講談社）
古典落語⑩〔⑥笑福亭松鶴〕（角川文庫）
CD……ビクター落語上方篇・六代目笑福亭松鶴②（ビクター）
六代目笑福亭松鶴上方はなし（ビクター）
落語秘蔵盤シリーズ⑥笑福亭松鶴（コロムビア）
栄光の上方落語〔⑤桂文枝〕（角川書店）
六代目笑福亭松喬上方落語集（コロムビア）
雀三郎の落語①（EMI）
NHK落語名人選⑮二代目三遊亭百生（NHK）
DVD…五代目桂文枝（吉本興業）
笑福亭松喬ひとり舞台ファイナル（コロムビア）

喜六からの「彼岸てなんです？」という質問に答えて、甚兵衛さんが「四天王寺で七日の間、引導鐘を撞いて無縁の仏の供養をするのや」と教えたところ、喜六は「わたいも撞いてやりたいものがいてる」と言い出す。聞いてみると飼い犬のクロが、棒で殴られたために死んでしまったというのだ。「ゴンとどつかれたら、クワィーンと言うたんがこの世の別れ。無下性《むげっしょう》（無慈悲）にはどつけんもんだんなあ」と涙をこぼしている。そのクロのために引導鐘を撞いてやって、ついでに父親のも撞いてやるというのだ。

甚兵衛さんは喜六を連れて四天王寺にお詣りに行く。境内には物売り店や見世物、乞食などが出てにぎわっている。いよいよ引導鐘にたどりついて撞いてもらうことになったが、最後の一つは自分が撞きたいと頼む。喜六が力任せに撞くと、撞木が変な角度で当たったものか「クワィーン」と鳴る。その音を聞いた喜六「ああ、無下性にはどつけんもんや」。

◎　◎

お彼岸の四天王寺風景を描いた噺である。『犬の引導鐘』という小咄の中間に四天王寺の様子をスケッチするのであるが、ネタとしてはスケッチの部分のほうが主体と言っていい。

「笑福亭のお家芸」と言われている噺で、四代目、五代目笑福亭松鶴師が十八番にしていた。五代目は終戦直後の一九四五年一一月二一日に四天王寺本坊で第一回「上方落語を聴く会」が開催された時もこの噺を演じている。ただ、噺の冒頭で甚兵衛さんが

「御出家は十万億土の道を教えなさる」と教えると、それを聞いた喜六が

「なんのかんのと天王寺のやまこ坊主が」と答える台詞があり、そう言ってしまったあと、五代目は客席に居並ぶ四天王寺の僧侶たちにチラリと目をやり「すんまへん」とあやまってネタを続けたという。

「やまこ」とは「はったり」の意味。「やまこ張る」というと虚勢を張るとかはったりを言う

という意味になる。なぜ、喜六がそんな無礼なことを言ったかと言うと理由はこうだ。

「こないだ心斎橋歩いてたらな、むこうから坊さんが来て『ちょっとものをたんねますが、八幡筋はどう行たらよろしい』て言うてました。『八幡筋』がわからんのに『十万億土』がわかりそうなはずがおまへんがな」

つまり、「八幡（八万）」と「十万」という数字の問題なのだ。

ちなみに、米朝師は「はちまんすじ」は「すじ」にアクセントを置くのではなく「はちまん」に置かなくてはいけないと言っておられた。「さかいすじ」も「みどうすじ」も同様で「さかい」と「みどう」にアクセントを置く……とのことだった。

この噺は五代目笑福亭松鶴師から息子であり弟子である六代目松鶴師と文枝師に伝えられている。文枝師は若手のころからの五代目崇拝で、この噺は直接教えを受けたというわけではないが、たびたび聞かせてもらっていたので、その呼吸をしっかりと心に刻んでいたのだ。五代目松鶴師の生前は手がけることができず、没してからNHKの放送で初演することになるのだが、六代目松鶴師よりも先に手がけたと聞いた。

米朝師匠が解説役を勤めるラジオの落語番組でこの噺が出た時、アナウンサーが「この噺は笑福亭のお家芸で……」と言ったら、米朝師が「いやいや、これは文枝くんのネタです」とおっしゃった。その時、意外な思いをしたのだが、米朝師の証言の裏には文枝師のほうが先に手がけていたという事実があったのかもしれない。

引導鐘を撞いてもらうにあたってはお金を包んで持って行かねばならない。そのお布施の包み紙に戒名と命日を書かねばならない。犬だけに松鶴師や文枝師は「ワンワン信士」などという戒名を考えるが、雀三郎さんは「釈一匹ワンちゃん」と新しくした。結局は甚兵衛さんが却下するので「クロ」という俗名で書くことにする。

そのあと、「何人書いても同じ値や」と聞いて、ついでに親父さんの名前も書いてもらう。松鶴師は喜六が続けて「俗名、笑福亭松鶴」と言うので、甚兵衛さんが
「かわいそうに、あのはなし家、死によったんか」

「いいえ。達者で今時分、落語やってまっしゃろ。わたい、贔屓にしてまっさかい、ちょっと撞いといてやろうと思うて」

「それでは、松鶴が災難や」

「日ィ幾日にしときまひょ？」

「まだ生きてるちゅうねん」

『地獄八景亡者戯《じごくばっけいもうじゃのたわむれ》』で冥途の寄席の看板に「桂米朝」と書いてあるのを見て
「あのはなし家、死によりましたんか？」

「いいえ、まだ達者でしゃべってます。肩のとこ見てみなはれ。『近日来演』と書いたある」

というのと双璧の、まさに命を張ったギャグである。
この噺はお彼岸の三日目のこと。甚兵衛さんが
「今日が三日目、明日が中日。わしは中日にお詣りする」と言っているのを
「そんなこと言うてて、今晩コロッと逝ってしもたらお詣りできまへんで」などとゲンの悪いことを喜六が言うものだから、しぶしぶ同行することになる。喜六は
「忙しいのに引っ張り出してすんまへんなあ」と表へ出てから礼を言う。甚兵衛さんは
「表へ出てからベンチャラ言いないな。こういううっとおしい日は、なんとのう小ぜわしのうて、どんならんねん」とぼやく。雀三郎さんは
「確かに、彼岸のころは、どんよりした天気が多いように思いまんなあ」と言っていた。こういう実体験からくる共感を持てる人が演じてほしいネタである。
甚兵衛さんが四天王寺の境内を案内して回るのだが、現在の四天王寺とは微妙に違っている。
五代目文枝師は
「ただただ説明をしているだけの噺やないんです。噺をしながら自分が境内を歩いているリズムが出ないといけないんです。義太夫の道行のような音楽ですねん」
確かに心地よいものである。
「さ、こっち出といで。これが南門《なんもん》。仁王さんのあんのがここや。西に見えるのが紙衣《かみこ》さん、

虎の門、大師引導鐘、猫の門、左甚五郎の作。大晦日の晩にはこの木彫りの猫が鳴くと言うな。陽明殿、指月庵《しげつあん》にお大師さん十六歳のお姿や。亀井水《かめいすい》、亀の口から水が流れてる。経木《きょうぎ》流しに来《く》んのがここや。西に見えるのが有珠山《うすさん》で、前が瓢簞の池、東に見えるのが東門《とうもん》で、うちらへ入ると釘無堂に本坊に釈迦堂や。さ、こっちぃまわんなはれ、これが大釣鐘、足形の石に鏡の池に伶人の舞の……台や」

文字だけでは伝わって来ないと思うが、雀三郎さんのこのくだりを聞いて、おしまいに「伶人の舞の台や」とちょっと押して言う瞬間、涙がこぼれそうになったことがある。噺の内容で泣いたのではない。音楽の心地よさに心が奪われたわけである。

甚兵衛さんと喜六が亀の池までやって来ると、いよいよ境内風景のスケッチになる。

「こう申しておりますと、天王寺さんの境内はたった二人しか居てないようでございますが、そんなことはございません。彼岸中の天王寺さん。参詣客で押しあいへしあい。『ご焼香！』」と言うと下座から『禅の勤め』というお囃子が入る。別名を『寺禅』と言って、歌舞伎でも寺院の場面で流される曲だ。のんびりした三味線の曲のバックに「ドンガンドンガン、ドンガドドンガン」と大太鼓とドラ縁を叩く音を入れる。この囃子も春の彼岸の場合は最初のドンに当たり鉦のチンという音を重ねる演出がある……と四代目林家染語楼さんに教えてもらった。染語楼さんは若いころ、落語家を廃業して上方落語の囃子方になっていた中田つるじ師にいろいろと囃子のことを教わっていて、春と秋の彼岸の打ち分けもつるじ師に教えてもらったそうだ。具体的に言うと「ドンガンドンガン、ドンガドドンガン」と傍線の「ドン」に鉦をかぶせるわけで、一九七四年三月に大阪で収録したNHKの「東西落語の会」で六代目松鶴師が演じた時、当たり鉦を入れているのがCD**ビクター落語上方篇・笑福亭松鶴②**に残っている。

境内で露店を出しているのが「亀山のチョンベはん」……東京でいう「飛んだり跳ねたり」という竹製のおもちゃである。竹独楽《たけごま》屋に貝細工。食べ物では寿司屋。手ぬぐい、扇子、張扇、小拍子などを駆使して、大阪風の箱寿司を作る工程を見せたり、握り寿司の魚を切って、ワサビを下ろし、握るところまでを見せる。

さらには「覗き機関《からくり》」。五代目松鶴師の速記では『お半長右衛門』、『高橋お伝』と古いフシを聞かせておいて、おしまいに名古屋節の『不如帰《ほととぎす》』を聞かせる。

ここは演者の趣味の見せどころで、笑福亭生喬さんは『不如帰』を全段語ったあとでバナナのたたき売りのタンカを聞かせてくれる。

文枝師はサーカスを登場させていたし、雀三郎さんは「アホダラ坊さん」というのを登場させている。これは東京の三遊亭百生師が演じていた型で、不思議な声で不思議な文句のお経と「チャカポコチャカポコ」という木魚の音を聞かせるのが売り物で、雀三郎さんは両手のひらでほっぺたを叩いて音を出している。百生師がどのようにして出していたかは不明だが、米朝師にうかがうと「舌打ちをする要領で出していたのではないか」とのことであった。百生師の音は**NHK落語名人選**のCDに収められており、上方落語が復興するまで、東京でこの噺といえば百生師の専売であった。百生型では先に引導鐘を撞いてしまい、そのあと境内の風景描写となり、握り寿司、竹独楽屋、覗き機関『不如帰』、巡礼、乞食のあとに「アホダラ坊さん」を演じて大拍手が起こったところで「ばかばかしい『天王寺詣り』でございました」と切り上げている。

東京の上方落語というと先代桂小文治師や先代桂小南師がおなじみであるが、このお二人は大阪弁がいまほど普及していなかった時代に合わせて、よりわかりやすく翻訳した大阪弁を使っておられたので、われわれ大阪者が聞くといささか違和感を感じたものだったが、百生師は大阪人が聞いても立派に古風な大阪弁で演じておられる。

「境内の風景描写に巡礼と乞食が登場する」と申し上げたが、巡礼は頭に手ぬぐいをのせ、扇子か小拍子を右手に握って鈴に見立てて御詠歌を歌う。そのあと、姿勢を低くして右手を前にグーッと突き出して「おありがとうさんで」と乞食を演じるのだが、文枝師が演じると客席から拍手が起こることがあった。そんなとき、文枝師は

「こんなとこで手ェたたかんように」などとぼやいてみせたものだった。

当代で拍手が起こるのは桂雀三郎さん。そのみごとな乞食っぷりには定評があり、ご本人も

「上方落語で一番乞食が似合う男」と不思議な自慢をしていた。そこにライバルが出現した。雀三郎門下の二番弟子・雀五郎さんだ。入門直後の雀五郎さんは、背が高くて手足が長いのだがヒョロヒョロに痩せていて、彼がこの噺を演じていて手を前にグーッと突き出すと迫力満点だった。さすがの雀三郎さんも「あいつには負けますわ」と言っていた。ところが、運動不足とお酒のおかげで雀五郎さんがいやに肉付きがよくなってきたのである。その様子を見た雀三郎さん

「あない太ったら乞食になりませんやん。シャレのわからんやっちゃ」といささかおかんむりだった。太って師匠をしくじりかけたのは雀五郎さんぐらいである。

その雀三郎さんに「今まで見た乞食の中で一番すごいのはどなたでしたか?」と質問した。

「そらあ、文紅師匠ですわ」と即答してくれた。

確かに色が黒くてヒョロヒョロであった文紅師の乞食も確かに迫力があった。でも、雀三郎さんも決して負けていないのでは……と私が問いかけると

「めっそうな。私の乞食は菰の上に座ってますけど、文紅師匠の乞食は地べたに直に座ってはります」

これも一種の芸談と言っていい……ものかどうか。

電話の散財

連記……落語名人大全〔②林家染丸〕(講談社)
落語レコード八十年史〔②林家染丸〕(図書刊行会)
CD……昭和戦前面白落語全集—上方篇〔②林家染丸〕(エニー)

長谷川の旦那は七十二歳になってもお茶屋遊びの極道がやまない。若旦那は選挙に出るというのに、父親が遊び人では具合が悪いというので、選挙期間中の禁足をくらわせる。一方、親旦那はミナミのお茶屋へ行くことができないなら……と番頭の知恵で電話室に酒肴を持ち込み、馴染みの芸者・作鶴の写真をながめながら電話で散財をしようと企てる。電話の向こうで唄を歌わせていると、『梅にも春』の途中で割り込んで来る人が居る。番頭が「それは混線してますねん。『話し中』と言うたら元に戻ります」と教えるので、旦那が「話し中!」と言うと唄声が再び聞こえてくる。その後も何度も混線するが、そのたびに「話し中!」と言って宴会を続ける。『磯節』を歌わせて騒いでいると、そこへ若旦那が忘れ物を取りに帰って来た。親旦那が電話室の中で真っ赤になって「テヤテヤテヤテヤテヤ」と踊っているので、「もし、おとうさん!」と声をかけると、親旦那「えーい、話し中!」

◎二代目桂文之助師が一九〇五年に創った新作で、二代目林家染丸師が十八番ネタとしてよく演じていた。時代にぴったり合った新作落語は、その当時は大当たりするが時代とずれると忘れ去られてしまう。この噺も「電話」という当時最新の技術を使ってお茶屋遊びをしようという趣向で人気を博したが、しばらくは上演が絶えていた。その噺が当代林家染丸さんによって復活されて以来、今では花丸さんをはじめとする一門の若手が口演している。現在口演されている型では旦那の名前は「長谷川」ではなく、「岡本」となっている。これは二代目染丸師の本名が「岡本仁三郎」というところからとっているのだと思う。

たいていのお茶屋噺では堅物の旦那のところに極道な若旦那が居て……というのが定番なのだが、この噺では立場が逆転している。その理由が息子が選挙に出るため……というのがいかにも時代である。

また、作鶴ねえさんが電話室の中の椅子に腰を掛けて三味線を弾かされることになって「音頭取りやがな」とぼやくのも、三味線は正座して弾くという常識が「音頭」という新しい芸の出現で変化しているのがわかる。

この噺の時代、電話をかけるとまず交換手が出る。その交換手に相手の番号を伝えてつないでもらう。この噺でも作鶴の所属する「おだ照」というお茶屋に電話をかけるにあたって、旦那は「おだ照」の電話番号を教える。
「南の一九番……。『ミナミ、行く』や」
番頭、あわてて
「あほらしい。行たらあきまへん」と言いながらも交換手に番号を告げて相手につないでもらう。
「ああ、もしもし。『おだ照』さんですか。江之子島の長谷川でございます。作鶴さんのお宅ですか?」と話をするのだが、作鶴ねえさんが留守であることがわかり
「お帰りになりましたら、どうぞ長谷川まで電話をお頼み申します。こっちゃの番号は西の五千九百十番……西の五九一〇……『ジジゴクドー』」
今度は親旦那が番頭に
「これ、なにを言うねん。わしをねきィ（そばに）置いといて」と突っ込みを入れることになる。
電話番号の頭に「南」とか「西」とか付いているのは、今でいう局番のようなもの。西の五九一〇番から南電話局の一九番に交換手がつないでくれて会話ができるようになる。なんと言っても人間が手でやることだから、混線という事故が起こった。どういう仕掛けでおこるのかは不明だが、我々の子供時代でもよその会話がかすかに聴こえてくるということがあった。こ

の噺の場合は、はっきりと話の間に割って入って来る。混線したとたんに、下座の『梅にも春』がピタリと止まり、親旦那が「話し中！」と言うと下座が唄の続きを歌い始める。この下座とのやりとりで笑いが起こる。

なにより、この噺の主人公である親旦那が実に魅力的なのである。二代目染丸師の演じる長谷川の旦さんは、ほがらかな声の無邪気なおじいちゃんである。それを四代目染丸さんも、その門人の花丸さんも受け継いでいるため、親旦那の芸者遊びがいやらしくなく、子供のいたずらのような痛快ささえ感じさせてくれるのだ。

「電話の混線」こそなくなったが、現地に行かなくてもネットで会議ができるようになった現代、バーチャルお茶屋遊びも可能なのである。「遊びをせん」とて生まれて来た人間だ。遊びのために、知恵をめぐらせることは間違いなかろう。遊びに使う知恵は戦争などに使う悪魔の知恵よりも上等だ。お茶屋遊び発展のために、知恵の平和利用を。

二代目染丸師は一八六七年……慶応三年卯年の生まれ。初代の染丸も卯年生まれだったと伝えられているので、二代目は兎を正面から見た姿を平仮名の「ぬ」の字に見立てた「ぬの字兎」を定紋に定め、兎に関するものをコレクションし、兎を大切に扱っていた。

初代と二代目には芸の系譜上のつながりはない。初代は初代林家菊丸の弟子で、染物職人で手首まで藍に染まっていたことから「染丸」と名付けられていた。どんな噺でもできる人だったが、中でも滑稽噺を得意としていた。後に「浅尾新七」に改名したというから役者にでも転向したのだろうか？　晩年は再び染丸に戻ったと伝えられる。

二代目はもともと三代目笑福亭松鶴の門人で「梅喬」になり、後に五代目の「松喬」を襲名している。いずれは四代目松鶴を襲名すると思われていたが、兄弟弟子の枝鶴が四代目を襲名したため、空いていた「染丸」の二代目を襲名することになった。

戦後の食糧難の時代、食べるものに困った三代目染丸師は、師匠の二代目染丸師にウサギの肉のすき焼きを食べさせた。二代目が

「これ、なんの肉や？」とたずねられた三代目は「ウサギです」とも言えず

「ラビットでんがな」と答えたそうだ。二代目、しばらく食べたあと

「で、ラビットてなんや？」

三代目がどう答えたかの記録は残っていない。米朝師に教えていただいたエピソードである。

野崎詣り

速記……上方落語〔⑥笑福亭松鶴〕（講談社）
落語名人大全〔④桂文團治〕（講談社）
上方落語㊦（筑摩書房）
古典落語⑩〔③桂春團治〕（角川文庫）
CD……ビクター落語上方篇・三代目桂春團治③（ビクター）
南光落語ライブ⑩（EMI）
栄光の上方落語〔③桂春團治〕（角川書店）
上方落語初代桂春團治大全集BOX（徳間）
昭和戦前面白落語全集―上方篇〔初代桂春團治・五代目笑福亭松鶴〕（エニー）
DVD…極付十番・三代目桂春團治（ワーナー）
枝雀落語大全㊱（EMI）
楽悟家笑福亭松之助（吉本興業）
落語研究会・上方落語四天王〔③桂春團治〕（EMI）

五月の一日から十日間、大阪の野崎観音では無縁経の法要が行われる。その参詣の途中、舟に乗った清八と喜六は堤を歩く参詣人たちと「口喧嘩」をする。たよりない喜六は清八にプロンプターになってもらって喧嘩をするのだが、なかなかうまくいかない。業を煮やした清八が、堤を行く男に「なんや踏んでるぞ」と言うと、男はうつむいて「どーこーにー」と言った。「これでこっちの勝ちや」という清八に理由を聞いてみると「相手はうつむいてテレよったさかい、こっちの勝ちゃ」とのこと。勝利のコツを教えてもらった喜六も一生懸命に喧嘩をしようとするが、「片仮名のトの字のチョボがへたった」と小柄なことを馬鹿にされる。むかついた喜六はいま一度清八に「山椒は小粒でもヒリヒリ辛いわーい」というフレーズを教えてもらう。回らぬ舌で「山椒はヒリヒリ辛いわーい」と言うと、堤の連中が「おーい。教えてもろたら教えてもろたとおりに言え。小粒が落ちてるぞーっ」と返してくるので、喜六、思わずうつむいて「どーこーにー」。「うつむいて何を捜してんのじゃ?」とたずねられるので喜六「へえ、落ちた小粒を捜してまんねん」。

◎　◎

春團治師のマクラでは

「日本には『三詣り』とか申しまして、関西に有名なお詣りが三つございます。一つは京都祇園さんのおけら詣り、もう一つは讃岐の金比羅さんは鞘橋の行き違い。いま一つは大阪の野崎詣り。ここは五月の一日から十日間というものおおぜいのお詣りで大変賑わいます」

と紹介されているが、現在は一日から八日になっている。

また「三詣り」も正確に言うなら「三大喧嘩詣り」となろうか。噺の中で清八が説明するように「なんぼ口で言い合いしても、手ェひとつかけん。言い勝ちさえすりゃあ運がええ。運定めの喧嘩」なのである。祇園のおけら詣りは、闇の中の口喧嘩で西鶴の『世間胸算用』にも採り上げられている。讃岐の金比羅さんの鞘橋は屋根のある橋で、反り橋になっていることから刀の鞘にたとえられ、この橋の上ですれ違う参詣人同士が口喧嘩をしたのだと伝えられる。

上方落語にはこの噺のような風俗資料になるスケッチ的な落語がいくつかある。本書にも収めた彼岸の四天王寺を案内する『天王寺詣り』、夏の難波橋の夕涼み風景を描いた『遊山船』、伏見から大坂までの夜船の風景を描いた『三十石』などがその例である。おそらく、昔のお客は落語を聞きながら「そうそう。そういうこともある」と共感していたのであろう。

春團治師の高座の動きのあでやかさには定評があるところだが、この噺でもなにげないところで美しい動きが披露されている。まずは、冒頭「徳庵堤にかかりますと主従無礼講。その道中の陽気なこと」と言うと下座から『扇蝶《おおぎちょう》』という華やかな囃子が入る。春團治師はいつものように羽織の両方の袖口に指をかけると後ろにシュッとすべらして脱ぐ。「脱ぐ」というよりは「落とす」というほうが正確かもしれない。師にあの鮮やかな脱ぎ方についてうかがったところ

「ほんまは、できるだけ目立たんように、早うにサッと脱ごうと思うて工夫したんです。けども、あれが評判になってしもうて、ボクが羽織の紐をほどいて両袖に指をかけると、前でお客さんが『おい。もうじき脱ぎよんで』なんて待ってるんです」

目立たないようにという工夫が、かえって仇になったわけである。あの脱ぎ方に魅了された

のはお客様だけではない。あこがれて弟子入りしてきた門人も同様である。師匠の真似をしたところが、なで肩でなかったため羽織が肩にひっかかってビリッと破れてしまう……というような事故を起こした者もいるらしい。春團治師ご自身も

「羽織の袖に指をかけたつもりが、下の着物の袖もいっしょに持ってしもたんやね。いつものとおりにシュッと引っ張ったら、着物の肌が脱げそうになってあわてたこともありました。それ以来、羽織の裄丈は着物よりちょっと長いめにあつらえてます」

とおっしゃっておられた。これもひとつの芸談だと思う。

落語研究会・上方落語四天王の映像ではいつもの箇所で羽織を脱いでいるが、**極付十番三代目桂春團治**では冒頭に短いマクラを振っておられて、その部分で脱いでいる珍しい映像だ。

羽織を脱ぐと徳庵堤を歩く群衆の描写になる。まずは日傘を差して亭主の後を追いかける若い女房になる。

「ちょっと、申し……。ちょっと待っとくなはれなーァ」とチョコチョコ走りで行く女を振り返りながら

「なにをグズグスしとんねん。早よ来い、早よ来い」と少し開いた扇子片手に手を前後に振りながら歩く男。

「まあ、足の速いこと。もっとゆっくり歩いとくなはれなァ」と追う女。

「ごじゃごじゃ言わんと、早よ来い早よ来い、早よ来いよーっ」と招く男。

この二人の男女のやりとりで、一瞬にして参詣道の賑わいをイメージさせてくれる。その後に本編の主人公である清八と喜六が登場するわけである。

「おい、なにをグズグズしとんねん」

と清八が喜六に声をかけると、「ハメモノ」も『砧』というのんびりした野辺を表現する曲に変わる。ここから、二人ののんびりした会話が始まる。

「足が痛うて一歩も歩けん」と言う喜六のために、清八は舟に乗ることにする。「舟はこわい」と嫌がる喜六を「早よ乗れ」と突き飛ばして舟に乗せる。とたんに下座が「ドロンドン」と大きく水音を入れる。

舟を出すという段になって、船頭から「艫《とも》を張れ」と頼まれた喜六は、隣に座っていたお供の人の頭を殴ったり、「棒杭持って気張ってくれ」と言われて、言われたとおり棒杭をつかんだりしている。船頭が竿を突っ張るが舟は出ない。春團治師は杭に見立てた扇子を膝の前で両手でつかんでいるが、舟が出そうになると杭が手から離れそうになるので

「こんなことで、この舟離してたまるかい」と言いながら必死になって引き戻そうとする。

この時の船頭が竿をさす型が実に美しい。船頭は棒杭につかまっている喜六を見てあきれかえり

「その棒杭を突いてくれちゅうてるんじゃ」と教えてやる。喜六が棒杭を力任せに突くと、舟は大きく揺れて岸を離れる。そのとき、喜六は、まず左前、右後ろ、左後ろ、右前と手をついて舟の揺れを表現する。春團治師独特のリアルな表現である。伝えられた人たちも真似して演じてはいるのだが、春團治師ほどの自然で美しい「動き」には誰も達していない。
舟が出たあとも喜六の自由奔放な言動に困らされた清八は喜六に黙っているように命じる。するとと喜六は
「わし、黙ってたら口の中に虫がわくねん」と答える。清八は
「それやったら、堤の上を行くやつと口喧嘩をせえ」
と勧めて、喜六vs堤を行く参詣人の口喧嘩がはじまる。
「悪態」というのはある種の「文化」だと思う。悪態のフレーズの豊かさが文化レベルの基準になるのではないか……とさえ思っている。歌舞伎十八番の『助六』などは吉原に集まる人間たちが悪態のつき合いをする芝居と言ってもいい。
この噺の悪態もなかなか凝っている。清八が教えてくれたお手本は
「女に傘さしかけて夫婦気取りで歩いてけつかるけども、そら、おのれの嬶《かか》やなかろう。どこぞの稽古屋のお師匠はんを、うまいこと言うて住道《すみのど》あたりへ連れ出して、酒塩でどんがらいためて、ポーンと蹴倒そと思うてけつかるけど、おのれの面では分不相応じゃ。稲荷さんの太鼓

でどよどん、どよどん」
というのだが、今となっては注釈が必要かもしれない。「酒塩」というのは食べ物を煮る時に味を付けるために加える酒のこと。「どんがら」は胴体の乱暴な言い方。つまり「酒塩でどんがらいためて、ポンと蹴倒す」というのは「お師匠はんを酒で酔わせて、深い仲になってしまう」という意味であろう。その後の「稲荷さんの太鼓でどよどん」というのは「雑用損」……すなわち「費用」の損というのを、稲荷神社の太鼓の「ドョドン」という音に引っ掛けての、かなり高度な悪口なのである。

この高度な「悪口」を教えてもらうのだが、例によって喜六はまともにしゃべれない。いらついた清八が右手で右の袖をパンと払うのが「突っ込み」の型なのだが、その型と音さえ美しい。まわらぬ舌でグズグズ言ってはへこまされるので、清八が非常手段を教える。
「なんぞ踏んでるぞーっ！」と言ってやると、相手がうつむいて「どーこーにー」と足元を見る。それを相手がテレたということにして「うそじゃーっ！」と言って勝とうという作戦だ。
早速、試みるのだが、相手から
「踏んだがどないしたいっ！」と逆襲されて
「ああこわ」と喜六のほうがうつむいてしまう。なにを踏んだかを問うてみると
「俺の踏んだんは馬の糞じゃ。ようおぼえとけ。馬の糞踏んだら背ェ高なるぞ」という答えが

返ってきたので、喜六は思わず
「ええこと教えてくれておおきに」と礼を言ってしまう。清八に教えられて
「それだけ大きいのにまだ大きいなりたいのんかい。大きなもんにロクなもんあるかい。大男総身に知恵が回りかね。独活《うど》の大木、半鐘盗人、入日の影法師、のっぽんぽんの、ぺけれんすのアホよ」と続ける。背の高い人のことを表現するのを、高い梯子の上に釣ってある半鐘を盗む泥棒になぞらえたり、「入日」……「夕日」でできる長い影法師にたとえたりするのは悪口にしても「詩情」があると思うのだが。
　このあと、時間がある時には堤を行く参詣人からの返しが入る。
『大きなものはみなアホ』とぬかしたな。そうすると唐土の関羽や玄徳は身の丈八尺もあったというが、それでもアホか」と突っ込む。喜六は
「そやそや。精出して唐《から》の本読んで講釈せえ」と答えて清八に
「シャレ言うてんねやあらへんがな！」と叱られる。
　さて、ここで質問です。「唐の本読んで講釈せえ」というのは何のシャレでしょうか？　実はよくわからない。昔々、知ったかぶりでしゃべることを「空講釈」という……という説を耳にしたように思うのだが、どの辞書にも載っていない。ご存じのお方があったらご教示願いたい。このくだりはほとんどの場合、省かれているが、CD**ビクター落語上方篇・三代目桂春團**

治③にはちゃんと全篇が収められている。
　清八に叱られた喜六がへこんでいると、堤の参詣人から声がかかる。
「片仮名の『ト』の字のチョボがへたった」
　清八の背が高いので『ト』の字の『｜』。対して喜六は背が低いので『、』。背の低い喜六がへこんでいる様子を一言で表現したのである。この鮮やかな一撃は、喜六の闘争心に再び火を点けた。
「すまんけど、もういっぺんだけ教えて」と頼む喜六に清八が教えたフレーズが
「小さい小さいと軽蔑をさらすな。大は小を兼ねると言えども、簞笥長持ち、あらぁ枕にならん。牛は大きゅうても鼠をよう捕らん。江戸は浅草の観音さん、お身丈は一寸八分でも十八間四面のお堂に入ってござる。山椒は小粒でもヒリヒリ辛い」
とさらに高度なものであったので、さっきまでやる気を出しかけていた喜六も
「わい、もう脈が速よなってきた」と弱音を吐く。清八に尻をたたかれて、しゃべろうと立ち上がると、堤から
「オーラ、小さいのん出て来やがったな。コラア、ものぬかすのやったら立ってぬかさんかい」と一撃を加えられて、両手を挙げて
「立ってるわーい」と答える。この瞬間の春團治師の泣きべそをかいた表情が実にカワイイ。

そのあと、清八に教えられた啖呵を切ろうとするのであるが、これまたしどろもどろでうまくいかない。「江戸は浅草」と言うところを「江戸はドサクサ」とか「江戸は深草」と言ってしまい、清八に「浅草や」とたしなめられると、「深草やったら少々の違い」とシャレを言う。小野小町に百夜通いした「深草の少将」を知っているあたり、喜六さん、ただ者ではない。ところが、一番大事な「山椒は小粒でもヒリヒリ辛い」というくだりを「山椒はヒリヒリと辛い」と言ってしまう。堤の参詣人が

「教えてもろたら教えてもろたで、はっきりぬかせ。小粒が落ちてるぞ」と突っ込むと喜六ははうつむいて

「どーこーにー」

「オーイ、俯いてなにを捜してるんじゃーい？」と尋ねられると、喜六

「落ちた小粒を探してまんねん」

……これがサゲである。「小粒」というのは「豆板銀」と呼ばれる江戸時代に通用した銀貨。本来は「どーこーにー」と俯いた時点でサゲになっているのであるが、春團治師は落語に馴染みのない演芸場のお客様にもわかりやすいように、「落ちた小粒を……」と念を押す型で演じていたわけである。

このサゲを春團治師は「落ちた小粒を」まで言って、喜六の台詞から素の春團治師の口調に

戻って「探してまんねん」と続けることが多かった。サゲの意味をより判りやすくするためのいわゆる「杖を突く」という言い方である。

稀にお客様の状態が良い時には「探してまんねん」という言葉を喜六の台詞として、首をちょっとかしげて情けない表情で言うときがあった。例えば一九九五年一月三一日に大阪府枚方市の市民会館で開かれた古今亭志ん朝師との「二人会」での高座。モタレの位置で演じたこの噺は、まさに「完成品」であった。サゲを言った瞬間、満員の客席がワサッと動いたような爆笑がおこり、下座の連中や出番を待っている志ん朝師も噴き出してしまい、志ん朝師は「春團治さん、凄いなあ」と感心しておられた。そして、その後に出て行って演じた『野ざらし』の出来の良かったこと。

常々、春團治師は

「ボクは東京の人といっしょの高座は燃えるんや」と言っておられたが、まさに「燃えた」高座の見本であった。当時はあの阪神淡路大震災が起こってまだ二週間しかたっていなかった。帰り道には雪が降って来たのだが、いい芸に出会った喜びで体が内側からずっとほてっていた。

この噺に限らず春團治師の芸は伝承するのが難しいように思う。お手本が完璧すぎて、そのままなぞって演じていると質の低いコピーにしかならない。そう思って自分の工夫を加えると、恐ろしいことにその部分が全くウケなくなるというのだ。

南光さんも「べかこ」と名乗っていた一九八〇年ごろ、春團治師にこの噺を教えていただいた時に、その落とし穴にはまり込んでしまった。真面目な南光さんは「落語家をやめよう」とまで思い詰めてしまう。それを救ってくれたのが、その当時に入門してきた弟弟子のむ雀さんだった。師匠に教わったとおりのネタを素直に演じているむ雀さんの姿を見て、迷いの心が晴れたのだそうである。才気あふれる南光さんさえも迷わせる強い引力が春團治師の落語には存在していた。後に、南光さんは自分なりの『野崎詣り』を完成させた。それでも、船頭が呼びかける「ウォーイ」という声の音色には、まだ「春團治」が残っているのがご愛敬だ。

この噺は春團治系統の演出が主流であるが、実は「上方はなし」第十三集に速記が掲載されている五代目笑福亭松鶴師の型もある。喜六が「入日の影法師、半鐘盗人」などと背の高い人の悪口を言ったあとに、袖口から赤い襦袢をチラチラ見せるために頭をガシガシかきながら歩いている男に

「頭ガシガシ掻くな。赤い襦袢の袖が見せたいんやろ。それくらい見せたい襦袢なら、クルッと脱いでしもうて、竹の先へくくりつけて『これは私の襦袢でございます』と、せいだいじゅばん（自慢）して歩け」と喧嘩をしかけるが、相手から

「あるが因果で着てまんねん。あんたらもあるなら着ておいなはれ」と逆襲され

「あったけど、質に置いた」てな情けない対応をしてしまい、清八に

「喧嘩は負け通しや」とぼやかれる。
そこへ三味線太鼓で囃しながらやって来るのが稽古屋の船。早速、堤の上の参詣人から声がかかる。
「イヨウ、えろうドンチャンドンチャンいわしてなはるな。このええ天気に障子を閉めきって、世間へ顔出しでけんやつばっかりと見えるなァ。唐人の散財で唐（空）散財やろ」
これを受けて船の連中も障子を開けると
「ヤイコラ、堤の上の飛脚詣り。尻からげして尻から風邪ひいて死にやがれーっ！　こっちは食い物で詰まってんのや」と鯛の焼き物を見せびらかす。それを見た堤の上からは
「なんかしてけつかんねん。鯛の焼き物かて『鎌倉山』で三浦荒次郎やろ。芝居の船で片身片側やろーっ」
三浦荒次郎は『有職鎌倉山《ゆうしょくかまくらやま》』という歌舞伎の登場人物の名前。「鯛の身の裏はないだろう」……「あらへんやろう」というシャレで「三浦荒次郎」。芝居の本舞台に大道具として飾ってある船は前からそれらしく見えさえすれば良く、船べりの絵を描いた板を立てているだけなので「片身片側」というわけである。悪口を言うのにも、アドリブでこれだけ凝った言い回しができたわけである。国会中継などで大臣閣下や議員先生が罵り合っている言葉の貧しさに比べると雲泥の差である。

「片身片側」と言われて「そんなことないわい」と返したものの、誰かが先に食べてしまっており、ほんとに片側は骨だけになっていた。そこで、「両方とも身があるぞーお」と言いながら鯛をひっくり返すように見せて同じ面だけを見せようとする。

この屋形船が賑やかに去って行ったあとに「片仮名の『ト』の字のチョボがへたった」というくだりにつながるというわけである。

屋形船を出すことで、少し繁雑にはなるものの、大勢の人出のある参詣道の賑やかさが感じられて捨てがたい演出だと思う。

一九七八年五月に小文枝時代の五代目文枝師が、八〇年五月に六代目松鶴師が演じたのを聞いたことがあるが、いずれも春團治型であった。

上方落語に収められている六代目松鶴師の速記も春團治型であり、**名人落語大全**の四代目文團治師の速記は、**上方落語**と同一のものである。五代目松鶴師の音も残っているが、六分半ほどのSP盤一枚の録音なので、屋形船の登場するシーンは出てこない。

現在、屋形船が登場する型は桂雀三郎さんが復活して、伝えている。

初天神

速記……米朝落語全集増補改訂版⑥（創元社）
　　初代桂春団治落語集（講談社）
　　上方落語（⑥笑福亭松鶴）（講談社）
CD……ビクター落語上方篇・四代目桂文團治③（ビクター）
　　昭和戦前面白落語全集―上方篇（①桂春團治・⑤笑福亭松鶴）（エニー）
　　六代目笑福亭松鶴上方はなし（ビクター）
　　上方落語特選・笑福亭仁鶴①（テイチク）
　　日本の伝統芸能シリーズ落語⑨笑福亭仁鶴（テイチク）
　　笑福亭仁鶴独演会（吉本興業）
　　上方落語名人選秘蔵版上方艶笑落語⑩（⑥笑福亭松喬）
　　南光落語ライブ③（EMI）
DVD…松喬十六夜（⑥笑福亭松喬）（コロムビア）
　　笑福亭仁鶴独演会（吉本興業）

今日は一月二五日の初天神の日。一人息子の寅ちゃんを連れて天満の天神さんにやって来た父親は「何か買うてくれ」とねだられないかと戦々恐々。案の定、飴とみたらし団子、そして凧を買わされてしまう。「こんなことやったら連れて来なんだらよかったんや」とぼやく父親も、凧を揚げるためにお城の馬場にやってくるとすっかり童心に返ってしまう。高く高く揚がった朳を見て、寅ちゃんが「ぼくに持たせてえな」と頼むと、父親は「こんなもん、子供のやるもんやないわい」と言い放つ。それを聞いた寅ちゃん「こんなことやったら、おとっつあん連れて来なんだらよかった」

◎　　◎

私の幼少のみぎり、正月には道頓堀の角座に一家で漫才を見に行く……というのが我が家のしきたりであった。初春興行だけに大看板の漫才師たちが入れ替り立ち替わり登場する間に、座布団の前に小さな机を置いて朳揚げの真似をするおじさんが居た。それが、「笑福亭松鶴」という名前の落語家であり、演じていたのが『初天神』という噺であることを知るのは成人してからのことになる。

大阪人の中には、この噺のタイトルを『お初天神』と間違えておられる方がいらっしゃる。「お初天神」というのは大阪曾根崎にある露天神社の俗称。近松門左衛門の名作『曾根崎心中』で主人公のお初・徳兵衛が心中したのがこのあたりで、ヒロインの名前を取って「お初天神」と呼ばれている。落語のほうは一年で最初の天神さんのご縁日である一月二五日に参詣するから『初天神』なのである。

「嬶《かか》、羽織出せ」という父親の台詞から噺は始まる。母親の台詞によると
「あの羽織かてあんたの甲斐性でできたんとちがうねんし。こないだ母屋のご隠居さんが亡く

ならはった時に、わたいが三日三晩夜通しお手伝いしたら、その時にお家はんが『形見分けに。あんたの着物にでもしたらええやないか』てわたいにくれはってんし。亭主に羽織の一枚もないのはみっともないと思うたさかい、あんたの羽織にしたんやないかいな。それを羽織が一枚できたと思うたら、『隣へ行くさかい羽織出せ』、『風呂行てくるさかい羽織出せ』、こないだやなんか羽織着て雪隠行ったやないか」

昔の長屋の便所は共同便所だったので、用を足しに行くのにもいちいち家の表へ出て長屋の路地を歩いて行く必要があったので、こんなギャグが成立したわけである。

この噺の演者としては松鶴師のほかに四代目桂文團治師。古風な型をしっかりと残していたお人で、門人は桂文紅師おひとり。文紅師が門人を持たないまま二〇〇五年に亡くなったため、文團治の系統は絶えたことになる。

どこが古風かというと、松鶴師が「凧」と言っているのに対して「イカ」と言っている。「凧揚げ」に対して「いかのぼし」である。現在でも「いか」とこだわって言い続けているのは桂雀三郎さん。雀三郎さんは後に祝々亭舶伝になって亡くなった桂春輔さんから教えてもらっている。この稽古が不思議なもので、雀三郎さんが「師匠のお宅に寄せてもらいます」と言うのを断って、なぜか扇町公園のベンチに横並びに座って伝授してもらったのだという。冷静に考えると、昼間の公園のベンチでええ年をした男が二人並んで凧揚げの真似をしているのだから、物情騒然たる昨今なら「不審人物」としてお巡りさんに職質されるにちがいない。
春輔型でおもしろいのは、初天神に連れて行かないと言う父親を脅迫するために、寅ちゃんが向かいのおっさんの所へ行って、先日の夜の秘め事を教えようとするシーン。寅ちゃんが「おったん！　おもろい話したろか」と入って来ると、おっさん、一呼吸置いてしみじみと「……したって」と答える。この絶妙の間で笑いがおこる。ぜひ、雀三郎さんの高座で味わっていただきたい。
おっさんのリクエストに応えて、先日、父親が帰宅してから母親といちゃつく様子をしゃべり始めて、途中で止められるのだが、以前は寅ちゃんがませた特別な子供だと私は思っていたが、昨今の風潮を見るに子供は意外と大人の世界を知っているのではないか……と思うようになった。
文團治型と春輔型では、脅しが効いて初天神に連れて行ってもらえることになった寅ちゃんが、母親から
「あんたを付けてやるのは他でもないの。もしおとっつあんがおかしい所へ遊びにいったら戻って言いや」と言われて
「おかしなとこ……て、四角い提灯が掛かったとことちがうか？」と、父親に十日戎《えびす》に連れて

行ってもらった帰り道、お茶屋へ連れて行ってもらった話をことこまかに報告する。どこかからきれいなおねえちゃんがやってきて

「まあ、又はんとこのぼんぼんだすか。今日はキビショ付きだすか？」と言う。

「キビショ」とは「急須」のこと。男の子のおチンチンが急須の口のような型をしていたので、古くは男の子のことを「キビショ」と呼んだらしい。

おねえちゃんがおとっつあんを連れて二階へ上がって行こうとするので、寅ちゃんも付いて行こうとすると、「姉貴」と呼ばれているおばはん……お茶屋の女将が

「まあ、かわいらしいぼんぼんやこと、おばちゃんがいっぺん抱いてあげまひょ。こっちおいなはれ」と言って膝の上へのせてグーッと抱いてくれた。その時の感想を寅ちゃんが

「わい、その時、おかしい気になった」なんて言うもんだから、母親も思わず煙管で頭をどやしつける。

父親と「おねえちゃん」が二階へ上がって行ってしまい、階下の部屋で「おばはん」にお菓子をあてがわれて待っているのに辛抱できず

「おとっつあん！」と暴れていると

「二階からおとっつあん、帯しながら『せわしない、せわしない』ちぃながら降りて来てたけど……」と決定的な事実をしゃべっているところへ、親父が便所から戻って来るので

「おとっつあん、あれ、なにしてたんや？」とダメ押しの質問をする。この寅ちゃん、いったいどこまで裏事情を知っているのだろうか？

この寅ちゃんが父親のお茶屋行きを母親に報告するくだりは松鶴師にはなかった。

飴屋で飴を買ってやり、みたらし屋で団子を買わされたあと、参詣を済ませた帰り道、凧をせがまれる。「仙花イカ」を買い、「うなり」を付けてもらう。「うなり」というのは竹の棒に籐を細く裂いたひも状のものを弓の弦のように張ったもので凧の上に取り付ける。風を受けるとブーンという大きな音が出るのだという。

「仙花イカ」とは「仙花紙」と呼ばれる楮の皮を漉いてこしらえた厚い紙を貼った四角い凧のこと。

凧揚げにやって来たのがお城の馬場。大阪では「ばんば」と発音する。「せっちん」のことを「せんち」と言うのと同じ大阪弁の訛りである。従って、堀部安兵衛が駆けつけたのも大阪風の発音で言うと「たかたのばんば」となるわけだが、そんな発音では安兵衛は駆けつけにくいように思う。

余談であるが、NHK大阪局のコールサインの「JOBK」は「ジャパン、大阪、馬場町の角」の略だと言われていた。現在は移転したため「ジャパン、大阪、馬場町の近所」となっている。いかに電線のない昔でも、凧を揚げることができる広場というはお城の馬場ぐらいだったのだろう。
この噺、最初に聞いたのは六代目松鶴師だったが、一番ひんぱんに聞いていたのはその門弟の仁鶴さんだった。文團治師の寅ちゃんは明治の子供で、松鶴師の寅ちゃんは戦前の子供だったが、仁鶴さんの寅ちゃんは戦後の子供だったように思う。
米朝師も若いころは演芸場でよく演じておられたらしいが、私は一度しか聞いていない。調べてみると、七八年二月七日に京都の安井金比羅会館で開かれた第六十八回「桂米朝落語研究会」でのことである。みたらし団子の大きいのを買ってくれそうにないのを見て、団子屋が寅ちゃんに
「さいぜんも、あんたぐらいの子が『大きいのん買うてくれへんかったら、そこの水溜まりに寝る』ちゅうて買うてもらわはりましたで。あんたも寝るか」とそそのかす。水たまりのほうに行こうとする寅ちゃんを、必死の形相で
「行たらあかん！」と止める一瞬の素早い動きがおもしろかったことを記憶している。

ふぐ鍋

CD……四代目林家小染（吉本興業）吉弥のお仕事です。①（テイチク）
DVD……落語研究会・桂吉朝全集（EMI）吉弥のお仕事です。①（テイチク）

大橋さんが旦那の家を訪れると、おりよく鍋の用意ができたところだった。何の鍋か確かめてみるとフグの鍋……テッチリである。実は旦那もよそからもらったのだが、中毒したら怖いので食べることができず、誰かが来たら毒味させようと思っていたというのだ。そこへ、おこもさん（乞食）が「お余りを」とやって来たので、フグの身を分けてやって、大橋が様子を見に行く。おこもさんはフグを食べて腹が張ったのかコックリコックリ居眠りをしているので、安心した二人はフグを食べてみる。すると、これがまことに美味なので、二人ですっかりたいらげてしまう。そこへ再び、さきほどのおこもさんがやって来て「お余りを」と言うので旦那が「フグはみな食べてしもたがな」と答えると、おこもさん「それやったら、安心して、これからゆっくりいただきます」

◎

◎

現・四代目林家染丸さんの師匠である三代目染丸師の十八番で『てっちり』というタイトルで演じることもあった。三代目から先代小染さんと四代目を経て、現在は一門を超えて若手に伝えられている上方落語のスタンダードナンバーになった。主人公の名前の「大橋さん」というのは、三代目の本名で、これを演じる人は誰でも「大橋さん」でやっている。

三代目染丸師は一九〇六年、大阪生まれ。一九六八年に亡くなっている。「大橋駒次郎」という新派の俳優のような本名の所有者。義太夫の竹本小七五三《こしめ》太夫の息子だったが、父親と死別した後に商人の道を歩む……予定が十三歳のころから素人落語にハマり「大橋亭駒坊」という、そのままの芸名で素人落語を演じていた。三二年六月に二代目染丸のもとに正式入門。「染五郎」と名付けられるが、後に東京の柳家金語楼師にあやかって「染語楼」と文字を変えた。消防署に勤めながらの落語家生活であったという。四四年に召集され、四六年七月復員。しばらくは夫人の実家で商売をしていたが、五二年一一月に二代目が亡くなったのを期に落語界に復帰。翌五三年八月に三代目染丸を襲名している。

戦後絶滅の危機に瀕していた上方落語を復興させた「上方落語四天王」のひとつ上の世代として初代の上方落語協会会長に就任、没するまで務めた。

テレビの『素人名人会』の審査員としておなじみで、「名人賞」を取れなかった出演者に対して「敢闘賞あげとくなはれ」と口添えするところから「敢闘賞のお師匠はん」として親しまれていた。
　とにかく愛嬌満点の陽気な高座で、桂枝雀さんもアマチュア時代から大好きで「歌舞伎座の地下にあった演芸場へ行ったら、来月のポスターが貼ったありますねん。そこに『林家染丸』と書いたあったら、『うわーっ。また、あの戎《えべ》っさんみたいな笑顔を見ることができるんや』と嬉しいなったもんです。反対に『桂米朝』と書いたあったら『うわーっ。あの陰気なおっさんや』……なんてね」
　その「陰気なおっさん」のほうに入門することになるのだから、世の中はわからない。入門直後の枝雀さん、「落語というものは染丸師のようなねばっこいしゃべりかたをしなくてはいけないものだ」と信じていたので、最初のお稽古で「こんにちは」と言うところを「くぉんにちぃわぁ」と言うと、それを聞いた米朝師
「あんなあ。落語は普通にしゃべったらええねんで」と注意を加えてくれたという。そのくらい影響力のあった師匠で、枝雀さんの「オーバーアクション」と評された表情や口調の根本には大好きだった三代目染丸師の影響が残っていたように思う。
　三代目染丸師は『たぬき』というチャカチャンリンチャンリンという出囃子で満面の笑みを浮かべて高座に登場。開口一番に
「エー、林家染丸と申しまして、本名、長谷川一夫と申します」と言うのが「つかみ」であっ

た。毎日「長谷川一夫」なので、ある日、親切な漫才師が「師匠。今やったらジェームス・ボンドちゅうのがええ男の流行でっせ」と教えてくれた。新しいもの好きの染丸師

「おおきに。ええこと教えてくれた。な、なんやて？　ジェ、ジェームス・ボンド……やな」

聞きなれないカタカナ名前を必死で記憶しながら、いつものとおり高座に登場。お辞儀をして頭をあげるなり

「エー、林家染丸と申しまして、本名……」とまで言った時、さきほどおぼえたはずのカタカナ名前が頭の中で行方不明になっていることに気づいた。グッと詰まったあと、染丸師匠、一呼吸おいて

「……大橋駒次郎と申します」

ほんまの本名を言ってしまったという。当然ながら、客席はクスリともしなかった。

たいへん人当たりのいい人で、この噺や『ちりとてちん』に登場する大橋さんはサービス精神の権化のような人柄だった。これは、三代目染丸師の実生活と同じで、現・染丸さんが入門して二日目に花月の楽屋へ師匠のおともで付いて行ったところ、楽屋に漫才の浅草四郎さん（姿三平と組んで一世を風靡した）が子どもを連れて来ていた。師匠は

「マアマア、かわいいお子さんやこと」てなことを言っていたが、入門二日目のことでぼんや

りしていた現・染丸さんに
「おい！　おまえもベンチャラ言わんかい！」とお小言をくらわしたそうだ。この話を聞かせてくださった現・染丸さんは当時のことを思い出して
「そんなん、急に言われてもねえ」とぼやいておられた。
満面の笑みを浮かべて高座に登場する……と紹介したが、高座に顔を出すまでと、高座から降りて来てからのOFFの時は鬼のように厳しい顔をしていたらしい。出囃子が鳴りだしているのに、横に控えている弟子に
「おまえ、あんなことしたらあかんやないかい！」
などと激怒していて、高座に顔を出す瞬間に「戎さんが百万円もろたような」と評される笑顔に変化させて出て行くのだという。
「ほんま、詐欺みたいな笑顔でしたで」とは現・染丸さんの証言。
三代目のこの噺はキングから発売されていたカセットテープ「古典落語名人選」⑫に入っている。
私が落語を聞き始めた七〇年代、この噺の演者というと先代小染さんか、まだ「染二」といっていた現・染丸さんだった。いわゆる「林家のお家芸」というネタで、八四年一月に三十六歳の若さで交通事故で亡くなった先代小染さんが事故にあう八時間前に最後となった高座で演

じたのも、この噺であった。
　この噺を染二時代の染丸さんに習ったのが内弟子修業を終えたばかりの桂吉朝さん。吉朝さんから見ると染丸さんは芸人としてのキャリアは大先輩であったものの年齢も近く、芸の話をするのが大好きという共通点もあって、いろいろと教えを受けている。『ふぐ鍋』も後に十八番ネタに洗い上げ、「吉朝型」と言える演出も残すことになった。
　最も大きな工夫はサゲの直前。染丸型の演出では、旦那と大橋さんが鍋を食べつくしてしまって談笑していると、そこへおこもさんが再び訪れる。
おこも「どうぞお余りを……」
旦那『お余りを』て、みな、食べてしもうたがな」
おこも「どないもおまへんかいなあ？」
旦那「おお。どないもあるもんかいな」
おこも「ほたら、安心していただきます」
とサゲになる。
　吉朝さんは、この「どないもおまへんかいなあ？」という質問を省いて
旦那「みな、食べてしもたがな」
おこも「ほたら、安心していただきます」

というすっきりした型に変えた。もちろん、変えるにあたっては染丸さんにも相談して賛同を得ている。染丸さんも、吉朝さんの工夫を愛していた。吉朝さんから習った若手は吉朝型で演じているが、染丸一門は現在でも古格を守っているようだ。

また、大橋さんがおこもさんの様子を見に行って報告するくだりで

「気持ちよさそうに寝言言うてましたで……。『しびれる〜う』……て、うそうそ」と脅かすのに対して、旦那もフグの身を一口ほおばったあと、ぐっと息を止めて箸をポトリと落とし「う、う……、うまいっ！」とびっくりさせる演出も吉朝さんのアイデアである。いかにも、彼らしいイタズラっぽい演出だ。

彼がこの噺をどれだけ大事にしていたか。最後の高座となった二〇〇五年一〇月二七日に国立文楽劇場で開かれた「米朝・吉朝の会」でも、『弱法師』と『ふぐ鍋』の二席を演じる予定にしていたのだ。残念ながらこの時、『ふぐ鍋』は演じられることはなかった。

陰気な話で終わるのもなんなので、吉朝さんがいかに落語が好きだったかを証明する高座をご紹介しておこう。おなじみの古典落語のフレーズを次々とつないで演じるという「お遊び」で、立川談志家元も『落語チャンチャカチャン』と題して演じていたが、吉朝さんは古風に『連鎖落語』と呼んでいた。八九年七月一七日に大阪の太融寺で開かれた「雀松（現・文之助）短期集中高座」での高座である。まずは『東の旅・発端』からスタートする。

ようよう上がりました私が初席一番叟でございまして、おあと二番叟に三番叟、四番叟には五番叟、御伴僧にお住持に旗に天蓋、銅鑼ににょうはち、影灯籠に白張と、こない申しておりますと（↓ふたなり）このおやっさん、えらい強いお人のようですが、なかなかそうやない。提灯を持って栴檀の森へかかって参りますと（↓野崎詣り）主従無礼講。その道中の陽気なこと。［下座『扇蝶』〽扇蝶、菜種菜の花咲き乱れ……］女「もうし、もうし、待っとくなはれなあ」男「なにをグズグズしとんねん。早よ来い早よ来い」女「ちょっと！待っとくなはれなあ」男「早よ来い早よ来い」［下座止める］（↓蔵丁稚）旦那「早よ来いちゅうたら、早よ来い」定吉「旦さん、待っとくなはれ。これから使いも早よしますし、旦さん、堪忍しとくなはれ」旦那「いいや、許さん。今日という今日は仕置きをするのじゃ。こっちぃ来い！」嫌がってる丁稚の（↓饅頭怖い）髪の毛をつかんでズルズルズル。橋の真ん中まで連れて行って親父「『さあ、おなご、よう見い。これが音に名高い東横堀。二、三日前からの雨で少々水は濁ってるかは知らんが、末期の水は食らい次第じゃ』と、おなごの体、目よりも高う差し上げて、川の真ん中めがけてザブーンと……」（↓不動坊）男「はまってもうたがな。引き上げたれ、引き上げたれ。しっかりしなはれ！」徳「もし……もし……。あんた、利吉さんとちがいますか？」利吉「こらあ、徳さん」徳「徳さんやおまへんがな。あんた、今そこで何をゴジャゴジャ言うてなはったんや？」（↓口入屋）番頭「『なにをゴジャゴジャ』て、女子衆に給金の決めをしてるんやがな」手代「女子衆《おなごし》はとおに奥へ入ってまっせ」番頭「ほたら、そこに居てるのは誰や？」（↓親子茶屋）旦那「倅やないか。こっちお入り。おざぶ当てなはれ。遠慮はせいでもよろしい。当てさせようと思うて出した座布団。遠慮はずいぶん、外でしくされ」（↓持参金）番頭「おはようさん。おお、感心に起きてたな。いやいや、おまはんのこっちゃ。まだ寝てると案じながら来たんやがな。早う起きるということはええことやなあ。昔の人はええこと言うてるがな」（↓崇徳院）熊五郎「『石川や浜の真砂は……』。いやいや、こらちがう。百人一首の中に『人喰い』ちゅう人いてましたな」旦那「そんな化物みたいな人が居てるかいな。崇徳院さん？」熊五郎「そうそうそうそう。あの歌、どないいいまんねん？」旦那「誰が聞いてきたんかわからへんな。崇徳院さんのお歌なら『瀬をはやみ岩にせかるる滝川の』」熊五郎「それそれ」旦那「『割れても……』」熊五郎「うわっと！　待った」（↓つる）喜六「へえ。雄が一羽」甚兵衛「ツーッと飛んで来て浜辺の松にポイと止まったんや」喜六「なるほど」甚兵衛「あとへさして……」（↓小倉船）やって参りましたのが、本物の浦島。頭は弾き茶筅、腰には腰簑、霊亀《れいき》という耳の生えた亀にまたがりますと、波路はるかにそれへズーッ。（↓皿屋敷）客「（拍手しながら）待ってました！　お菊さん！　日本一！」お菊「おこしやす」（↓蛇含草）　女房「いいえ、さいぜん帰って来ましたんやけど、なんや妙な顔して」甚兵衛「いいや、言うてやりな。わしも意地になって餅を食わせすぎたんや。食い物惜しんでるようで片腹痛い、帰ってたら結構や。なに？　奥で寝間ひいて寝てる？　なにをすんねんな。そんなことしたら患いつくがな。わしが行く、わしが行く。こんなとこ、また閉めきって。これ、徳さん！　言うたあったやろがな。寝てどないすんねん。開けなはらんか。これ！」　シューッと開けますと（↓狸の賽）　狸が冠かぶって笏持って（↓高津の富）雪駄履いて寝ておりました」

気が向いたときにふっと聞かせてくれた「隠し芸」である。

一九八一年一〇月一八日に京都の安井金比羅会館で開かれた第九〇回「桂米朝落語研究会」は「満一五周年記念大会」ということで、みんながいろんな余芸を披露したのだが、吉朝さんはこの時も「連鎖落語」を演じている。ネタ帳に「全十六席ヲ八分デ演了ス」と記されている。

堀川

速記……上方落語〔⑤笑福亭松鶴〕（講談社）
DVD…楽悟家笑福亭松之助（吉本興業）
CD……栄光の上方落語〔③林家染丸〕（角川書店）
五代目桂文枝上方噺集成⑤（ソニー）
五代目桂文枝（吉本興業）
四代目林家小染（吉本興業）
桂ざこば独演会⑨『むちゃ息子』（EMI）

長屋に毎晩、泥酔しないと帰宅しない酒飲みの息子が居て、その両親は心を痛めている。その筋向かいには酒や博奕や女には興味がない代わりに火事と喧嘩が大好きで、毎日喧嘩をしないと気が済まない大工・源さんが年老いた母親と二人で住んでいる。今日も夜鳴きのうどん屋にいちゃもんを付けたものの、相手にされないのでむかついて帰宅。帰ってからは母親に無理難題をふっかけて寝てしまう。この喧嘩好きの息子は寝起きが悪く、毎朝、母親が「心中があった」とか「隣裏が火事や」などとウソをついて起こさないといけない。その様子を見ていた同じ長屋に住む猿回しの与次兵衛が「わしが息子を起こしてやる」と買って出て、眠っている息子の枕元に座り、義太夫の『近頃河原の達引《たてひき》』堀川猿廻しの段のラストに語られる「猿廻し唄」の替え歌で起こす。それを聴いた息子は「キッキッ」と猿の真似をしながら機嫌よく浮かれて仕事に出かけて行く。その様子を見ていた酒飲みの息子の母親が「おやじどんや。向かいの倅はあほじゃないか。エテコに起こしてもろて、キッキッやなんてお猿になって仕事に行きましたがな」と笑うと、父親はたしなめて「ひとさんの息子さんをけなすんやないわい。お猿でええのじゃがな。うちの倅みてみい、毎晩虎になりよるがな」

○　○

別名を『猿廻し』、古くは『野猿廻し』という。もともと、ラストの義太夫のパロディを聴かせるのが眼目の噺だった。義太夫が流行っていた時代にはおおいに受けていたはずで、CDブック**栄光の上方落語**に収められている三代目林家染丸師の録音を聴くと、サゲ前の「猿廻し唄」で客席から大拍手が起こっている。一九六三年に収録した高座だから、そのころはまだ義太夫がわかるお客様が多かったのであろう。また、三代目染丸師の父は義太夫語りで、染丸師も義太夫を得意にしていたので、お客にもその達者さが伝わったのであろう。

現在は義太夫の部分と、酒飲みの息子の部分をカットして喧嘩好きの息子のエピソードだけを演じる型が笑福亭松之助師から桂ざこばさんに伝えられた。私が最初にこの噺を聞いたのも、松之助師の省略版の高座だった。義太夫の部分がないと『堀川』というタイトルの意味が通じないので、ざこばさんは『むちゃ息子』というタイトルで演じるようになった。

松之助師も義太夫の部分まで演じることがあった。文楽では「猿廻し唄」に合わせて二匹の小さな猿の人形がピョコピョコと動きまわるのがかわいいのだが、松之助師はウルトラマンの人形を二体使って躍らせたことがあるという。五代目松鶴師から受け継いだ「古典」をしっかりと受け継ぎつつ、常に新しいアイデアを考えつづけている松之助師らしい演出だと思う。
この落語の主人公の源さんはかなりの不孝者である。仕事から帰ると、疲れて寝ている母親を足で蹴って起こす。母親が
「アニ、戻りやったんかい?」
昔の親……ことに老人は倅のことを「アニ(兄)」と呼んだ。例えば文楽の『夏祭浪花鑑』に登場する義平次という強欲親父は、義理の息子の團七に金をねだるくだりで「アニ、金しょうか」と語りかける。そのあたりも古風な味付けの噺なのである。三代目染丸のおばあさんの台詞まわしは、基本は義太夫であった。
「俺が戻ったのに、なんで出迎えさらさんねん」
「戻ったら戻ったと言うてくれりゃあええのに、なんやらとこないして蹴とばしてからに」
と涙声で言うと倅は
「じっきに歌う(泣く)ねんなあ、ほんまにい。立ち上がって勝負来い、勝負!」と言い出す始末。母親が
「アニ、まま食べやるかい?」と冷や飯と漬物を出すと
「ええ若い者が肉離れするわい。なんで温飯《ぬくまま》炊いて魚を付けとかんのじゃい」

「わしじゃとて、魚買うときたいのじゃけども、アニがちかごろ、ちょっとも小遣いをくれてやない」

「言うと『小遣い』や。親が子に小遣いもらおという根性が間違うてるわい。親ちゅうもんは子に小遣いやるもんやないかい。われはわれで働かんかい」

「わしじゃとて、手に合うたことさえあったらするでな、言うとおくれ」

「よし。明日から頼んどいたるさかいなあ、浜へ出て仲仕せえ」

などと無茶なことを言う始末。

「さあ、それから『肩揉め。足さすれ。腰なで』と『廿四孝《にじゅうしこう》』の横蔵あんかけにしたような親不孝者でございます。そのまま寝てしまいよって……」と落語家は説明する。

最後に義太夫を語るから……というだけでなく、この噺全体から義太夫の香りが漂っているように思う。喧嘩極道の息子を「『廿四孝』の横蔵あんかけ」と描写するのは義太夫の名作『本朝廿四孝』に登場する横蔵という親不孝な乱暴者をたとえに上げているわけだ。この芝居、最近では二〇一八年四月に国立文楽劇場、翌五月には国立劇場小劇場での五代目吉田玉助襲名披露公演で、その横蔵を襲名の主役である玉助さんが遣った。この横蔵は母親に足を洗わせたりマッサージさせたりする。後に山本勘助になるのであるが、我が国の親不孝者の代名詞になった人物である。

ストーリーだけ聞いていると、なんだか母親にDVをする悲惨な噺のようだが、決してそう感じないのは、松之助師やざこばさん、現・染丸さんのようなカラッとした語り口の人が演じているということもあるが、いじめられているはずの母親が、息子の無茶を全く相手にしていないからだ。いくら息子が無理難題を言おうと柳に風と受け流しているし、寝起きの悪い息子を騙して起こすときも、なんだか楽しそうなのだ。家の表に立って

「まあまあ、さようでございますかいな。座摩《ざま》の前で心中。男はんが二十歳で女が十九。ああ、若いみそらで気の毒に。私で代わってあげられるもんなら、代わってあげますのに。南無阿弥陀仏南無阿弥陀仏」と独り言を言う。それを耳にした息子は、布団をはねのけると座摩の前へ走って行く。そのスキに母親は寝間を片付けて、朝食の用意をしておく。戻って来た息子が

「座摩の前に行ったけど、心中なんかなかったやないか！」と文句を言うと母親は

「アニ、あれは今の話じゃありゃせんがな。わたしがちょうど十六の年や」

「五十年から前の話をすな！」と息子は文句を言いながらも飯を食べて仕事に出かけて行く。

その晩は、温飯と生節《なまぶし》と焼き豆腐のおかずを用意して、「肩ももか？　足さすろか？　腰なでよか？」と息子が一言も文句が言えない状態にして出迎える。言うことのなくなった息子

「そないしててみい。俺がどつこうと思うてもどつかれへんやないかい。『杖の下からでも回す親はかわいい』と言うのじゃい」などと言うので、母親も

「そらアニ、違うてる。『杖の下からでも回す子はかわいい』や」と訂正するが「俺のんは『親』じゃい！」とだだをこねるので、母親も「ああ、そうかいそうかい」と柳に風とうけ流す。このあたりも息子は、母親に無理を言いながらも、母親の手のひらの上で動かされている雰囲気だ。

翌朝は火事が好きな息子のために、同じ長屋の吉松さん……松之助師では佐助さん……に応援を頼んで金盥をボンボラボーンと叩きながら「火事やーあ、火事や」と騒ぐくだりは騒動を楽しんでいる風情さえ感じられる。ここでも母親は「かじやーあ」とは発音せず「くわじゃーあ」と発音しているのも古風だ。

目を覚ました息子が、母親の胸倉をつかんで「火事はどこや！」と大声でたずねるので、「あまり遠くへ行かせても仕事にさしつかえる」と判断した母親が「隣裏や」と答えると、息子は隣裏に住んでいる友達の大工の梅やんのところへ駆けて行く。隣裏では梅やん一家がそろって朝飯のお粥をすすっているところ。そこへ暴れこんで来た息子、道具箱とおじいさんを避難させようと、道具箱は玉造へ持って行き、おじいさんは川口に連れて行く。

ここの梅やん一家の朝餉の様子が実にリアルなのである。お粥をすする亭主。醬油の染《しゅ》んだ漬物の取り合いをする兄弟。その下の幼子は、つかまり立ちをしてジャージャーとおしっこをする始末。そんななか、黙々と食事を食べつづける「おじやん」と呼ばれる梅やんの父親。

そして、「弁当を先に入れてくれ」と懇願する梅やんの声も聞かず、片意地に洗濯をし続ける梅やんの女房。どれも、市井にきっと存在したであろうという実在感がある。この噺を創ったのは明治時代に活躍した二代目林家菊丸という人。ほかにも『不動坊』や『後家馬子』といった裏長屋が舞台になった名作をものしている。いわば「世話物」作りの名手なのである。

この息子が梅やんの家へ乱入する騒動が笑いの山場となるので、松之助師もざこばさんも、このくだりで切り上げていた。

起こす口実が思いつかない日には、「『今日一日は骨休みさせてやれ』と親というのは結構なもんですなあ」と落語家は語る。この「骨休みさせてやれ」という一言でも、母親のほうが息子より心が大きいことがわかる。その大きな心が、こんな息子を作ったのかもしれない。母親は息子のための飯を焚いてやろうと土鍋に米を入れて井戸端で洗っていると、そこへやって来るのが猿廻しの与次兵衛。本家の義太夫では「与次郎」であるが、落語ではちょっと遠慮したのであろうか。この与次兵衛さんが、息子を起こす役を買って出てくれる。与次兵衛は息子の枕元に座ると「有田唄」と呼ばれる「猿廻し唄」を歌いはじめる。

〽おきゃるか目痛や、目痛やねーえ……

これは義太夫の〽おさるはめでたや、めでたやなーあ……のパロディである。

そのあと、〽源さん、源さん、日天さんがお照らしじゃ。時間何時か知らんか。八時三十分まわってる。近所の俥屋も関東煮《かんとだき》、こんにゃく屋も飴売り、豊年屋も、皆皆銭を儲けに行ってるのに、ふんぞり帰って寝てるとは、冥加《みようが》が悪いで、おとなし早よ起きや。ア、源さん……と続くのだが、このくだりは義太夫の語りではなく、三味線の合の手に言葉をのせている。ここの部分は義太夫ファンにとっては耳になじんだメロディだったわけである。〽婿入り姿ものっしりと、のっしりと。コレさりとはさりとは、ノオあろかいな。さんなまたあろかいな……のくだりから語りに戻って〽向こ行き姿が腕力な、腕力な。アコレ、さりとはさりとは、ノオあろかいな。喧嘩なんぞやみょかいな。品行の良いこと好んで母者人《ははじやびと》を安心さしや。アコーレエ。ああ、これこれこれこれこれこれ。こなさんの起きようが遅いというて、ソーレ、母者人が顔を真っ赤にして気をもんでいさんすわいの。そのように暇入れずに早う起きてやらんせ。アコレ、コレ、コレコレコレ、行てやろ行てやろノオ仕事場で。チョンナまた持とかいな。金銭持ってるのが手柄じゃ稼がんせ、職人の朝寝はコロリとやめ。ア、コロリとやめ。ハハハハ。起きたか。起きたら手水を使わんせ。飯食て仕事に行かしゃんせ。ヤ〜ア、よい息子じゃに。改心なされ。アア、良い息子じゃ、良い息子じゃ、すこぶる美男の良い息子じゃ。ノオあろうかいな。さんなまたあろうかいな。キッキッ……と猿の鳴き声で終わる。

文楽の人気が復活し、下座にも太棹の弾けるお囃子さんが存在するようになった現在、本来のサゲまで演じる演者が増えることに期待する。

豆屋

速記……上方落語（講談社）
CD……二代目桂春團治ライブ十番（ビクター）
ビクター落語上方篇・三代目桂春團治①（ビクター）

豆屋を始めた男、重い豆の籠を天秤棒で担いで裏長屋にやって来る。最初に呼びこまれた客が乱暴者で、一升五十銭の豆を二銭に負けるように要求する。豆屋が腹を立てて「盗った豆ならそんな値で買うてもらいます」と断ったところ、客は怒って割り木を手に取って脅迫しはじめる。しぶしぶ一升二銭でOKして、升で計ろうとすると「高く盛り上げろ」と言われ、結局は倍近く計らされてしまう。

ヤケを起こして長屋を出ようと歩き出したところ、間違えて長屋の奥に入ってしまう。すると、さっきの男よりももっと強面《こわもて》の男が声をかけてくる。覚悟を決めて最初から二銭で売ろうとすると「五十銭で売ったらええ」と言ってくれる。嬉しくなって、山盛り計ろうとすると「ちょっとでも豆を弾きだそうと思わんか！　升を持ってひっくりかえせ……ちゅうてんねん」とまで言うので升をひっくり返して空にして「もう豆おまへんで？」と豆屋が質問すると、強面の男「ないのでええのんじゃい。こっちゃ買えへんわい！」

◎　◎

二代目桂春團治師が晩年、朝日放送の「春團治十三夜」で口演した時の録音が残っている。息子で弟子の三代目春團治師は六四年から六五年にかけて数回演じているが、結局持ちネタには加わらなかった。米朝師にうかがうと

「三代目は、初演でウケが悪かったら高座にかけんようになる慎重なところがあった」と証言してくださったが、そんな理由で『始末の極意』や『色事根問』などがお蔵入りとなってしまった。三代目の『豆屋』はＮＨＫの「上方落語の会」で録音したものが奇跡的に残っていたものである。

マクラから噺の導入部の

「ここにございました私の友達でも兄弟でも親類でもなんでもない男」というフレーズまで二代目写しだが、あくまで朗らかで陽気な二代目に比べると、三代目はおさまった口調であるが、短気をおこさずに練り上げていってくださったら、極め付きの高座がもう一席増えたのに……と恨めしく思う。

三代目は自分に対しても厳しいお人で、若いころから演じていた『宇治の柴舟』という若旦那が主役の噺も、六十歳を過ぎたころから

「還暦の若旦那なんて居ないから」という理由で口演しなくなってしまった。

この噺も「二人目の男ができない」という理由で封印したという。

この噺をよく手がけていたのは、米朝門下の先代桂米紫さんだった。一九二七年生まれというから、師匠の米朝師とは二つしか違わない。いかつい顔に低い声、貫禄充分なお人だった。もともとは漫才師を志して松鶴家団之助師に入門。「藤野団楽」の名前で「吾妻文章・団楽」として高座に出たがコンビが定着せず、五三年に腹話術師に転向。「斎田憲志」と名乗る。腹話術に使う米紫さん手造りの人形の顔が怖い上に、米紫さんが凄味のある声で人形の声をだすので、前で見ていた子供がおびえて泣き出した……というエピソードを聞いた。

そんなニンの人だったから、この『豆屋』の強面の男たちはぴったりだった。ゆっくりした口調の人だったので、長い噺になるとダレてしまうことが多かったが、この噺などは小咄の呼吸でトントンと歯切れよく聞かせてくれていた。間違いなしに「米紫十八番」のトップに位置するネタだったと思う。「ご存じ古今東西噺家紳士録」（エーピーピーカンパニー）のCD-ROMに収められている。

『佐々木裁き』で、賢い子供であった四郎吉が
「後に天満与力になりまして、水も漏らさぬ手配りをしたと申します。水も漏らさぬはず、桶屋の倅でございます」というサゲを付けたのも米紫さんの手柄である。

五八年に米朝師の弟子になるにあたっては、米朝師から

「おまはん、今から落語家になるということは、一番下になるということやで。今まで後輩やった若い落語家に『兄《にい》さん』と言えるか?」と念を押されて

「覚悟の前でおます」と言い切って落語家となり「桂けんじ」と名付けられた。

そのころ、三代目林家染丸師をしくじった染奴という男が「桂小米朝」として入門。後の月亭可朝さんである。ほぼ同着の入門なので、「どちらが正真の一番弟子か?」でもめたことがあった。中に入った枝雀さんやざこばさんが飲み会の席で

「可朝兄ちゃんのほうが年下やねんさかい、二番になっときいな」と説得して、米紫さんが一番弟子ということになって乾杯したのだが、その店を出るなり可朝さん

「けど、ほんまはわいが一番弟子や」

なかなか根の深い問題のようである。

米紫さんは演芸の世界が大好きで、古風な言葉を好んで使っていた。

挨拶ひとつでも「こんにったごくろうはん」と言ってみたり、楽屋弁当がいいと

「ここは雑用《ぞうよう》がええなあ」とか、三味線がない時は

「今日はヅルがないさかい」などと一昔前の楽屋言葉を楽しんでおられるふしがあった。

東京落語の大看板を「黒門町」とか「柏木」、「目黒」などと住んでいる地名で呼ぶのにあこ

がれて、米朝師のことを「武庫之荘」と呼んで「こないだ、武庫之荘がこない言うてたで」などと言ってみたり、後輩を芸名ではなく「前田」とか「関口」と本名で呼んで、ちょっと迷惑がられたりもしていた。

大真面目で不器用な人だった。学校公演で寄席囃子の解説をすることになり、『いだてん』という登場人物が走るシーンに入れる囃子の紹介をする段になった。ここは「や、どっこいさのさ」という決まり文句で『いだてん』の演奏が始まるのだが、米紫さん、なにを思ったのか

「うんとこどっこいしょ」と言ってしまい、囃子の連中は

「にらめっこやないねんさかい」と笑い死にしかけたともいう。

われわれにとっての米紫さんは、落語家としてよりも上方落語協会の事務局長としての存在が大きく、「島之内寄席」などの協会主催の寄席の表で客を呼び込んだり、満員になると客席に

「すんません。お膝送りをお願いいたします」と声をかける人としておなじみだった。

九五年六月一五日没。行きつけのサウナの仮眠室で急死した。まさに眠るがごときの大往生だったわけだ。三日後に執り行われた告別式は、降りしきる雨の中、おおぜいの落語家が集まった。その中で娘さんがこう挨拶をした。

「生前、父は『わしが死んでも棺の中に高座着は入れても羽織は入れてくれるな。あっちへ行ったら新参者で、羽織を着れるような身分やないさかい』と言っておりました。テレ性の父でしたから、父の日に何かをしようとしてもいやがるので、何もできませんでした。でも、今日は皆さんのおかげで、初めていい父の日ができました」

最後までスタイリストであったが、幸せなお人であったと思う。

話題を『豆屋』に戻そう。私が生で聞いたこの噺で、最高のものは七七年六月九日に京都府立文化芸術会館の三階の和室で開かれた第三十回「上方落語勉強会」で米朝師が演じたものである。当日は、百人入れば満員という和室にぎっしりとお客が詰めかけていた。三十回記念公演ということで、トリに登場した米朝師は、マクラで七代目林家正蔵師（現・正蔵さんのお祖父さん）がどえらい近眼で、高座に上がるときに足先と手先で座布団を探していたというエピソードを語り、この噺に入った。当日の演目は「お楽しみ」になっていたので、まさかこのネタが聞けると思っていなかった我々落語ファンは驚いたことを記憶している。そして、サゲの一言で客席のあちこちから「アッ！」という驚きの声がいくつかおこった。お客も小咄の醍醐味を味わったが、米朝師もさぞかしご機嫌だったと思う。

小品というものは、こういう爽快な反応こそが値打ちなのだ。

みかんや

速記……初代桂春団治落語集（講談社）
落語レコード八十年史（②桂三木助）（図書刊行会）
上方落語（⑥笑福亭松鶴）（講談社）
CD……THEざこば（EMI）
桂春蝶追悼落語集（OMC）
昭和戦前面白落語全集―上方篇（②桂三木助）（エニー）

甚兵衛さんの世話でみかんを売りに行くことになった男。元値がひとつ一円で「上を見て売って来い。上を見た分で女房子供を養うねんさかい」と言われて送り出される。ある長屋で元値の一円で売り、「上を見て」と言われたのを思い出して天井を見て帰って来る。事情を聴いてあきれ果てた甚兵衛さんは「上を見るというのは掛け値をすることや。今度は二円五十銭で売って来い」と教えて、さらに三百個のみかんを売りにやる。先ほどの長屋を再び訪れた男は、長屋の人たちの優しさのおかげで、同じみかんを二円五十銭で買ってもらうことに成功する。男の天衣無縫さに興味を持った長屋の人が『アホは若う見える』ちゅうけど、おまえいくつや？」と質問すると「八十九です」と答える。驚いて「うそつけ」と突っ込むと男は平然と「ほんまは二十八」。長屋の人があきれて「なんで、八十九てなウソ言うねん？」とたずねると、男「上見て言わな、女房子供が養えまへん」。

東京では『かぼちゃ屋』で演じられているが、上方ではみかんを売りに行く。六代目笑福亭松鶴師から朝丸時代のざこばさんに伝えられ、そこから多くの演者に広がっていった噺である。朝丸時代のカセット「桂朝丸落語」が東芝EMIから発売されていたが、それとは別に、米朝師の兄弟弟子の桂米治郎師から米輔さん、米左さんに伝えられている型がある。

東京では与太郎さんが主役をつとめる噺だが、上方落語には残念ながら与太郎さんは存在しない。与太郎さんは江戸落語の世界の大スターで、「愚かしい者」の代名詞になっている。決まった仕事もなく、年中鼻を垂らして一人称は「あたい」というのがパターンである。近年は立川談志家元の「与太郎はバカではない」という擁護論（？）によって自由人としての立場が認知されつつあるが、以前の与太郎さんはほんとにバカであった。例えば、先代古今亭志ん五さんの与太郎像などは鬼気迫るものさえあった。

これは、私のほんの思い付きの「理論」なのだが、江戸時代以降、江戸……東京の町は日本中から人が集まって来る町だった。中心になっていたのは武士と職人。火事の多い江戸の町では、大工、左官といった建設業者が活躍する町だった。いわばよそ者同士が集う町なので、弱みを見せない見栄と張りの町だったように思う。そこで「笑われる」ことは敗北だった。誰かを笑いの題材にすることは「人の面に泥を塗る」ということになる。そこで、江戸で笑いを起こすためには、実在の誰でもない架空の「笑っていい人」を創りだす必要があったのではなかろうか。それが「与太郎」である。昔の聞き手は現実社会には存在しない与太郎の言動を見て客観的に「ハハハ、皆さんどうです、世の中にはこんなバカな奴が居るんですねえ」と笑って、誰も傷つかないようにしていたのではなかろうか。

その点、上方の喜六さんは職業を転々としているケースもあるが、下駄屋などの正業に就いている。決して愚かしい男ではなく、大阪弁でいう「イチビリ」……お調子者で、一般人とは少し違った視点から世の中を見ている。と言っても皮肉な姿勢で見ているのではなく、無邪気な子供の視点で見ている。上方は江戸とちがって侍の数が少ない、商人が中心の町だった。いわば他人とのコミュニケーションをうまくとりながら暮らしていくためには、意地や見栄は二の次にしなくてはならない。大阪人にとって「アホ」は身近な存在であり、落語に登場する「アホ」の言動を見て「見てみなはれ。アホなやつでんなあ」と笑ったあとで「心配しなはんな。わたしもあんたも同じアホですがな」と自分も含めて笑いの対象にしてしまう。同じ仲間として「アホ」を扱っている。大阪人がときとして、自ら「ボケ」を発して、回りから「突っ込み」が入らないと機嫌が悪くなるというのは「アホ」になる喜びをDNAがおぼえているからではないかと思っている。大阪人が「アホ」に対して優しくて、ときには愛しているように見えるのは、こういう事情なのである。

この噺でも、「上を見て売れ」と教えられた意味を取り違え、長屋の天井を見上げて元値の一円で売って帰った主人公が、叱られて再び売りに出された時、さっき元値で売った長屋にノコノコやってくる。ここらが「アホ」なのであろうが、主人公にしてみたら「さっき、優しくしてもらったから、今度も優しくしてもらえるだろう」という理屈があるわけだ。訪れて応対しているうちに、長屋の人は

「さいぜん一円で売って損しよりましてんで」と気づいてくれる。現代人だったら

「安く売ったのはそっちのミスなんだから、高いミカンはいらないよ！」と断るところだが、落語国の人たちは

「かわいそうやさかい、買うたりまひょか」と値段交渉に応じてくれるのだ。落語作家のくまざわあかねは、この「かわいそうやさかい」という言葉の優しさに涙するのだそうだ。

ここまで愛されている主人公なのであるが、全くの愚か者ではない。一個二円五十銭で買おうという商談が成立したあと、長屋の住人の代表が主人公に

「全部でなんぼやねん？」とたずねると、主人公は

「全部で三百おますねん」との答え。

「で、みなでなんぼやねん？」と質問すると

「みなで三百ありまんねん」と答える。この応対を繰り返すばかりなので、長屋の住人が

「おまえ、勘定でけへんのか？　こっちで勘定したるわ。……ほたら、六百円置いとくで」と言うと、みかんやは

「七百五十円や！」と即答する。長屋の人はあきれて

「勘定できんねやないかい。アホになぶられてんねがな」とぼやく。

これは決して、主人公が「アホ」を装っていてほんとうは賢い人間だったということではないと思う。アホなりに必死に計算をしたのだと思う。また、お金の計算についてシビアであるというのは、それこそ大阪人のＤＮＡなのだから。

サゲ前に年齢をたずねるのが、サゲのためとは言え、いささか唐突な感じもする。

露の五郎兵衛師が露の五郎を名乗っていた一九七五年にキャニオンレコードから発売された「真打による東西前座ばなし」という二枚組レコードに収められている『みかんや』では、商売を終えて帰ろうとするみかん屋の後姿を見た長屋の人が

「あれ、どこやら抜けてるようやけど、『女房子を養わんならん』てなことを言うてるとこをみると、あれでかなりの年でっしゃろかね。いっぺんたんねてみまひょか？」と相談して年をたずねることになっている。なんでもないことかも知れないが、落語家さんは自然な会話をするために工夫を重ねている。

前半で長屋の共同便所の前でみかん屋の売り声の稽古のために「みかん！」と大声を出した

ところ、中で用を足していた長屋の男が驚いて紙を落としてしまい「おまえのせいで落としたんやから、わしの家へ行って紙をもろて来てくれ」とたのまれたみかん屋、教わった家に飛び込み、素直に「便所で紙落とした」と言えばいいところ、つい上品に見てもらおうと「おたくの大将、こうやで紙を落としました」と言う。「こうや」は「かわや」のこと。それを聞いた男の妻は「亭主が高野山で髪を落とした」と思って泣きだしてしまう。よく話を聞いてみると亭主は昨日から和歌山に行っているとのこと。つまり、あわてて向かいの家に飛び込んでしまったのだ。桂米治郎師から伝えられた演出では

「ていねいな言葉を使うたから間違いがおこったんや。今度は柄悪ういったろ」と決めて、向かいの家の戸を開けるなりこう言う。

「ばば垂れ親父はおのれとこか？」

実にあっさりとした表現で、今度はまちがいなくサッと紙が出てくる。

トイレに行くことを「こうやに行く」……あるいは「高野山に行く」と表現するのは我々が子供だった五十年前にはよくあった。

深山隠れ

速記……落語名人大全（①桂小春團治）（講談社）
CD……桂吉朝夢ばなし吉朝庵（淡交社）付録

九州巡業が失敗して一座解散となったはなし家が天草の漁村にたどりつく。村に棲みついて暮らしていたが、ある日、町まで買い出しに出かけたまま帰って来なくなる。それを迎えに行った村の者も帰って来なくなって、ついには村の男は庄屋と庄屋の息子の蟹田新吾、蟹田源吾の三人だけになる。まずは兄の新吾が出かけるが行方不明となる。残った源吾も出かけるが、峠を越える山中で妖しい美女と出会う。この女、実はこの山に棲む山賊で、正体を見破った源吾は女を斬り捨てて山賊の巣窟に単身乗り込んで山賊たちを成敗する。大勢の手下や女賊の姉も倒したあと、最後に残ったのが森宗意軒の妻と名のる老女。立ち回りの末、老女を捕らえた源吾は、財宝のありかを聞き出そうと川の中に顔をザブザブと突っ込んで拷問する。老女が「ひと思いに殺せ。年寄りをなんでこんなえらい目にあわすのじゃ?」とたずねるのに答えて、源吾「ええい、婆は川で洗濯じゃ」。

おとぎ話でおなじみの「爺は山へ柴刈に、婆は川へ洗濯に」というフレーズがもとになっている一席。ストーリーがどんどん展開していき、山賊との闘いもあり、ついには「森宗意軒の妻」などという大時代な人物が登場。「この先、いったいどうなるのだろう?」と心ときめかしていると、突然ストンと落とされる。ある意味で「落語の醍醐味」と言える噺なのかもしれない。

◎　◎

この噺を伝えていたのは四代目桂文枝師。桂春坊時代の露の五郎兵衛師が教えを乞いに行くと

「はなし家が御難に合う噺で『こんな噺を演ったら出世せえへん』という言い伝えがあるんで、うちのあやめ（後の五代目文枝）にも教えてへんねや」

との答え。春坊があきらめかけていると、四代目は続けて

「けど、キミやったらええわ」と言って教えてくれたそうで、のちに五郎兵衛師は

「嬉しかったけど、『わしやったら出世せんでもええんかいな』とも思うて、複雑な気持ちでしたなあ」と当時の心境を語ってくれた。

五郎兵衛師は多くの場合、庄屋の息子が山賊退治に出立する場面から演じていたが、ごくまれに発端のはなし家の御難のくだりから上演することがあった。七二年一〇月二三日に大阪の

SABホールで開催された第三回「YTVサロン・上方落語西の旅と錦影絵」という催しで演じた時は、桂米朝師がプロデュースで、記録映像として後世に残されることもあって実に熱の入った高座だったことを記憶している。おそらく読売テレビがきちんと保管しているはずだから、いずれは放送してもらいたいものだ。

もうひとり、この噺を得意にしていた桂吉朝さんは、師匠の米朝師が四代目文枝師から習い覚えていた型を学んでいる。米朝師自身は一度も演じたことはないはずの噺だが、滅亡の危機に瀕した上方落語を守ろうという意識から、多くの噺をかなり克明に記憶しておられた。私自身、この噺を一番よく聞かせてもらったのが吉朝さんの高座であった。

残っている音声は吉朝の七回忌に淡交社から出版された**桂吉朝夢ばなし吉朝庵**の付録CDに納められたものである。九九年五月一四日に大阪のサンケイホールで開かれた第五回「桂吉朝独演会」の高座で、歌舞伎の山奥の場の幕開きに打つ『山颪』という大太鼓をしばらく聞かせたあと、市川猿之助の十八番舞踊の長唄『黒塚』の一部を出囃子にして登場する……という凝りようだ。

吉朝はマクラでこう語りはじめる。

「東京のお噺は、わりと筋で聞かすという噺が多いんでございますが、大阪はなんぼ長いお噺でも、『その部分がおもろかったら、それでええやないか』というような噺が多いんでございます。『こんなことしたら、後で辻褄が合わんようになるで』『かめへん。そこがおもろかったらええねや』……。至って無責任でございますね。このお噺もそうでございまして『さっきあんな筋やったのに、なんでこないなってんねん？』とか『あの人物はどこへ行ったんや？』なんて、そういう無駄な詮索はしないようにお願いいたします」

噺の冒頭の主人公は泥丹坊堅丸。「どろたんぼう・かたまる」と読む上方のはなし家で、名前から予測がつくように決して売れっ子とはいえない。この噺のほかにも、『べかこ』や『狼講釈』といった噺に登場して、いずれも「御難」にあうことになっている不吉な芸名である。

この噺の堅丸師匠も九州は天草で一座が不入りのため解散となり、あてもなく歩き出すが、道に迷った挙句、腹を減らして天草の漁村にたどりついて一軒の家の世話になる。その村の物価が底抜けに安かったため、小金しか持っていなかった堅丸も「大金持ち」ということになり、この家の娘と結婚、婿入りすることになった。年に一度、町に買い出しに行くときに大坂の婿もいっしょに村から出かけるが、途中で噺家山怨霊ケ嶽《はなしかざんおんりようがたけ》を越えて四、五日で帰って来るはずが、二十日経っても帰って来ない。この時点で最初の主人公だった泥丹坊堅丸は姿を消して、その後も全く登場しない。吉朝さんのマクラは本当だったのだ。

心配した村の若い者たちが、「迎えに行こう」と怨霊ケ嶽へ踏み込んで行くのだが、その連中も帰って来ない。さらに続けて、次の迎え、次の迎え……と出かけていくうちに、村に男というと庄屋の蟹田源左衛門と息子の新吾と源吾の三人だけになってしまう。兄の新吾が「私が様子を見て参ります」と出かけて行って、これも帰って来ない。最後の頼みの綱が次男の蟹田源吾で、源吾は

「噂によりますと、嘶家山怨霊ケ嶽には女賊が棲みついているとのこと。女ということになりますと、兄上はいささかだらしがないところがございます。こたびは私が……」

と出立する。源吾は「頭ははじき茶筅、黒の五つ所紋付、かるさん袴を穿《は》きまして大小を腰へぶちこみ、紫の風呂敷を背中に斜に背負う」という武者修行のようないでたちで村を後にする。

やがて日が暮れて、源吾がただひとり怨霊ケ嶽へ足を向けていると辻堂のそばに被《かつぎ》をかぶった若い女がうずくまっている。声をかけてみると、近所の山賤《やまがつ》（猟師や木こり）の娘で持病の癪をおこして苦しんでいたとのこと。癪はもう収まったというので、源吾はその娘の家に泊めてもらうことにする。女が先に立って案内するのだが、山道なのに塗りの高足駄を履いて平気で歩いている。途中の谷にかかっていた丸木橋もカラコロカラコロと渡って行く。その姿を見た源吾は「この女、妖怪変化に違いあるまい」と油断なく、谷を天狗昇飛び切りの術で飛び越すと、先に渡った女を一刀両断に斬り殺してしまう。殺したあと、様子を見ているが一向に正体を現さないので、裾をめくって調べてみるがしっぽがない。ここで何度も裾をめくって調べなおすのがギャグになっている。

「さては妖怪ではなかったか」と前方を見ると灯がチラチラと見える。そちらへ行ってみると、高い塀がめぐらされ、大きな鉄の扉が閉まっていて、中から男たちの話声が聴こえてくる。釘穴から中の様子を覗いてみると山賊どもが二十人余り、たき火を囲んで話をしている。どうやらここは山賊のアジトで、さきほどの女は山賊のリーダー格。「お妹御前」と呼ばれているところから、姉が居ることがわかる。

源吾は妹御前の死骸のところまで戻って、彼女の被をかざし、下駄を履いてアジトの前にやって来る。下駄の音に気付いた山賊が扉の釘穴から表をのぞいてみると、見覚えのある被が見えるので、山賊どもが扉をギギギーッと開けて「お帰りなさいませ」と頭を下げる。それを見た源吾は両刀を抜くと、並んでいる首をポンポンポンと斬り落としてしまう。

そのまま奥へ進むと玄関がある。声をかけると、さきほどの女よりちょっと年上の女が出て来る。どうやら妹御前の姉らしい。

「途中で女に会いませなんだか?」

「怪しい女じゃによってぶち斬った」

「屈強の男どもが居たと思いますが」

「無礼なやつらじゃによって、ぶち斬った」

「よく、おぶち斬りになります」

と、女は平然を装って返事をする。中に通されて、部屋に案内される。女は酒や食事を勧めるが油断のない源吾は毒殺を恐れて断る。女は「お気の毒に」という謎の一言を残して部屋を出る。源吾が部屋を調べてみると、天井に一分ほどの隙間がある。天井が落ちて来て部屋の中の人間を押しつぶす「吊り天井」という仕掛けだ。源吾が途方に暮れていると、床の間の「天照大神」の掛け軸がフワッと揺れているのに気づく。掛け軸をめくってみると、後ろに大きな穴が空いている。ここから逃げようと穴の下を覗き込むと、下は何十丈という谷底。その谷底からかがり火がチラチラと見える。山賊どもが縄梯子を一列になって昇り、この部屋へ源吾の首を取りに来ようとしているのだ。そうと悟った源吾は襷十字にあやなして、大刀をふりかぶると穴の横に立って待っている。山賊どもがひとりずつ首をヒョイと出すと、源吾は刀を「エイッ」と振り下ろす。と、山賊の首がコロッ。斬られた山賊は下から上がって来る次の山賊の頭の上に尻をストンと落とすので、次の山賊は「なにをすんねんな」とボヤキながら上の山賊の尻を突く。すると、上の山賊は谷底に落ちて行く。

この場面、演者は「わしが一番乗りや」と縄梯子を上がっていく山賊を演じていて、部屋の中に首をヒョイッと入れると、源吾になって刀を「エイッ」と振り下ろす。ツケがバッタリと入ると、今度は二番目に梯子を上ってきている山賊になって、前に上っていた山賊が首を斬られて頭の上に落ちてくるのを右手で支えながら「おーい。なにしてんねんな。わしに尻もちついてどないすんねん。重たいがな。おいっ！」と突く。頭の上に尻を落とした山賊が谷底に落ちて行くのを見送る視線に合わせて下座はツケをカタカタカタカタと入れる。そして、次の山賊が「わしの番や」と首をヒョイッ。源吾が刀で「エイッ」。この繰り返しとなる。三人目が首をヒョイッと差し込むあたりから『しころ』というチャンリンチャンリンと軽快な三味線が入って、大量殺人がごく軽快にくりひろげられていく。さすがの吉朝さんも、このあたりで「何人、殺すねん……ちゅうねん」と自分で自分に突っ込みを入れていた。これも落語という具体的な映像を見せることのない、イメージだけの芸能だから可能な表現だと思う。血しぶきの飛ぶスプラッターなシーンでも、聞き手が「生々しい血は見たくない」とフィルターをかけて、ナンセンス漫画のような映像にうまく置き換えてくれるわけだ。

山賊どもの首の真ん中で「西瓜畑に居るようじゃ」と源吾はほっと一息ついていると、女が様子を見に来る。源吾が生きているのを見ると、女は部屋を飛び出して仕掛けの縄を切ると天井がドサーッ。源吾は既に部屋の外に出ていて無事。

「もっと早よ落とせ……っちゅうねん」と吉朝さんが再び突っ込みを入れる。吉朝さんの意見に全く賛成だ。

女は奥へ逃げて入ると、今度は白装束に着替えて、長刀《なぎなた》を持って再登場。「妹の仇、覚悟いたせ」と源吾に斬りつける。源吾が大立ち回りの末、斬り殺してしまう。

「これだけの大館。金銀財宝が隠してあるにちがいない。それを持ち帰ったら、村人の助けになるであろう」とさらに入って行くと、朱塗りの階《きざはし》、御簾《みす》が下がっている。源吾がその中に踏み込もうとすると、御簾の奥から

「侍、待ぁったーあ」という老婆の声。『楽』という囃子が入って御簾がスルスルと巻き上がると、百歳に手が届こうという老婆が長刀を手について立っている。

「我こそは、時の天下に恨みを呑んで敗れたる森宗意軒が妻なりしが、今この廓《くるわ》にはぜこもり、千人の生き血を取り、大臼如来《だいうすにょらい》に捧げなば、我が発願も成就せり。今、九百九十九人の命を奪い、汝一人にて見破られしはいかにも残念。娘の仇、手下の仇、覚悟きわめて勝負ないたせ」

歌舞伎好きの吉朝さんが演じると、老婆の台詞のあいだ、落語の高座の上に三代目市川猿之助丈が演じる歌舞伎座の大舞台が見えたものだった。

森宗意軒とは島原の乱の時、天草四郎の参謀役を勤めた人物。「大臼如来」とは「デウス」……「大神ゼウス」のこと。キリシタンの崇める神であった。

いったんは歌舞伎の舞台を見せておいて

「……とお芝居なら、こういうところでございますが、落語はリアルをモットーとしておりますんでね、百に近いお婆んでございますから、そんなに格好ようはいかん」

と歯が抜けて、息が切れた老婆の台詞で

「やあやあ、ちゃむらい……」としゃべりだす。あとは、源吾と老婆の立ち回りとなってサゲに到達するわけである。

東京で上方落語を演じていた三遊亭百生師が一九六〇年にNHKラジオで放送した音を聴かせてもらったことがあるが、見台を張り扇と小拍子で交互に叩く「前たたき」を聞かせたあと、はなし家が旅先で御難にあって百姓家にたどりつく発端から二十数分で演じている貴重なものだった。

活字として残っているのは一九三〇年に騒人社から出版された「名作落語全集」第八巻剣俠武勇篇。演者は「桂春團治」となっている。時代でいくと演歌や松竹新喜劇でおなじみの初代春團治師だが、語り口にもそれらしいところがなく、おそらくこれは人気者の名前を利用しただけで、実際には口演していなかったのではないかと想像される。

落語名人大全の速記は、この「名作落語全集」と同じものだが、演者の名前は初代春團治師の弟子の初代小春團治（後の花柳芳兵衛）師になっている。

大和閑所

田舎から大阪へ出て来た二人の男。田舎者と思われたらいけないと思い、できるだけ上品な言葉を使おうと考えた。本屋で「大和ことば」という本を買って宿屋に泊まる。翌朝、片方の男が「腹具合が悪い」というので便所の場所を尋ねることにする。「大和ことば」で引いてみると「閑所（かんじょ）」と書いてあったので宿の番頭に「カンジョがしたいんじゃが」と言うと、番頭は「勘定」と聞き間違えて「お発《た》ちの際にまとめていただきます」と断る。田舎客はあわてて「いやあ、とてもしんぼうできん。今したい」と押すと、番頭「さようでございますか。それでは、ちょっとお待ちを」と言って階下に降りて主人と相談する。主人は「田舎の人は律儀な方が多いさかいに、勘定書きと算盤を持って行っておあげ申せ」と番頭に言う。番頭は二階の客室に戻って来ると、ズボラなやつで算盤を裏返しにして、その上に勘定書きをのせてゴロゴロと田舎客のひざ元まで走らせる。田舎客はそれを見て「ここにカンジョをするのか」と判断して、算盤の上にのった勘定書きの上に大便をする。用を足したものの、番頭が取りにこないので、匂いに我慢しきれなくなった田舎客は、紙に包んで算盤の上にのせたまま階下に持って降りる。ちょうど階下の部屋では主人と奉公人一同が朝食の最中。田舎客が「カンジョを持って来ましたで」と言うので、番頭が「すんまへん。そこのおひつの上へでも置いとくなはれ」と頼むので、田舎客は紙包をおひつの上にのせて部屋に戻って行く。事情を知らない主人は「番頭。お勘定をこっちへ持って来とき」と命ずるので、番頭は紙包を取り上げようとつかむ。「えらい柔らこおまっせ」。主人もええかげんなもんで「(金が)できたてとちがうか」と言うと、番頭も「できたてかもしれまへんが。湯気が出てるもん」てなことを言いながら包を開けてみてびっくり仰天。番頭、あきれて「こないだ見てもろた易者が言うてました。『あんたの手はばばつかみや』て」。

◎　　◎

なんとも小気味いいくらい汚い噺である。現在でも『勘定板』というタイトルで東西で演じられているが、これはその上方の古風な型であろうか。この「ばばつかみ」のサゲは『愛宕山』で一八が蝶々を捕まえそこなって犬の糞をつかんでしまうくだりのギャグを使っているが、本来はまだ先がある。

大騒動の後、田舎客は「かんじょ」とは「閑静な所」という意味で、便所のような静かな場所ではよい分別が出るものだ……と教えてもらう。そこで、早速便所に入って物思いにふける。いつまでたっても出てこないので表から番頭が「どうです？　ええ分別は出ましたか？」と声をかけると、田舎客「フンは出たけどベツはまだじゃ」。……どっちにしても汚いサゲであることにちがいはない。上方の型ではこの台詞のあとに番頭の「たしなみなされ、ちょうど半刻（一時間）や」という突っ込みの台詞でサゲになるのだが蛇足の感はまぬがれない。

現在演じられている『勘定板』では、田舎客が用を足そうとして着物の裾をめくろうとすると、裾がそろばんに当たってコロコロコロコロと向こうに走って行く。それを見て「ああ、大坂の勘定板は車が付いてる」という東京に準じた穏やかなサゲになっている。

一九七三年六月二〇日に「島之内寄席」中日の高座で、三遊亭小圓師が演じているのを聞いた。小圓師が演じた高座では、さらに汚いギャグが入っていた。大きいのをすると、ついつい小さいのも出てしまう。それが座敷の畳を通して階下で朝食を食べている主人の頭に滴り落ちるシーンまであったのだ。この高座を聞いた数日後、米朝師とお会いすることがあったので、この噺を聞いたことをお話しすると、師匠は一言

「文團治さんは、もっと汚かった」

どんな風に汚かったかは、まだ大学生であった私に聞く度胸はなかったが、今となっては聞いておいたらよかったと思う。終生の痛恨事である。

小圓師は漫才師で妻の木村栄子師とコンビを組んで道頓堀角座をホームグラウンドに大活躍した。一九一〇年、大阪市野田の生まれ。元は落語家で八歳で二代目桂文團治師に入門。「文彌」と名付けられて子役の落語家として高座に上がっていた。後に橘ノ圓治郎師の門下に移って「圓きん」となり、さらに三遊亭圓子師の身内となり「小圓」となった。ちなみに、師匠となった圓子という人は東京の人で元は歌舞伎役者だった。後に囃子方に転職。さらに寄席の世界に入って「二丁鼓」という芸を売り物にしていた。鼓は普通に肩にかつぎ、大鼓を左腕の肘と左足の膝で挟んで固定し、鼓と大鼓を交互に打ち分けるというものだった……と米朝師から教えていただいた。

一九二八年に漫才に転職し、三七年七月からは木村栄子とコンビを組み、三味線を抱えた高座姿は背広を着ていても粋なものであった。一九七五年に亡くなっているが、晩年には落語の高座にも復帰。この噺のほかにも『紙屑屋』、『無い物買い』、『酒の粕』、『江戸荒物』、『親子茶屋』、『みかんや』などを古い型で披露してくれた。『親子茶屋』は七四年九月一二日に大阪の厚生年金会館中ホールで開かれた第八十回「NHK上方落語の会」で口演されているので、録音が残っているはずである。小圓師の声は「古今東西噺家紳士録」（エーピーピーカンパニー）のCD—ROMに『みかんや』が入っている。

遊山船

速記……上方落語〔⑤笑福亭松鶴〕（講談社）
初代桂春團治落語集（講談社）
CD……六代目笑福亭松鶴上方はなし（ビクター）
雀三郎の落語⑤（EMI）
春團治三代　初代桂春團治⑱（クラウン）
桂吉弥のお仕事です。⑤（テイチクエンタテインメント）
落語研究会上方落語四天王〔⑥笑福亭松鶴〕（ソニー）
桂吉弥のお仕事です。⑤（テイチクエンタテインメント）
DVD…THEざこば（EMI）

大阪の夏の夕暮れ。行水をつかったあと、喜六と清八が難波橋へ夕涼みにやって来る。橋の上からながめてみると、川面にはたくさんの屋形船が浮かんで宴会がくりひろげられている。それを見ながら涼んでいると、川の上から稽古屋の連中の船が賑やかに囃し立てながら下ってくる。皆が碇の模様の揃いの浴衣を着ているのを見て、清八が「さってもきれいな碇の模様」と言うと、船の中の稽古屋の女が「風が吹いても流れんように」と鮮やかに返してくる。このやりとりにいたく感心した喜六は、自宅に帰ると女房に古い碇の模様の浴衣を着せて、船に見立てた盥の中に座らせ、橋の上からながめる代わりに天窓から見下ろして「さってもきれいな……」と言いかけるが、浴衣があまりに汚れているので「さっても汚い碇の模様」と言うたら、女房もシャレたもんで「質に置いても流れんように」

◎

我々が落語を聞きだした一九七〇年代には六代目笑福亭松鶴師の専売のようなネタで、落語会だけではなく角座のような演芸場でも夏場になると演じていた。これといったストーリーのない、いわば二人の男のシャレたやり取りだけで聞かせるので、お客の気と離れてしまうと全くウケなくなる難しい噺だ。ある時、角座で松鶴師がこの噺を演じたところ、よほど客筋が悪かったのだろう、客席はクスリとも笑わない。辛抱してしゃべっていた松鶴師も

「この噺、お客様のお気に召さんようで……。さいなら」と言うと、噺半ばでさっさと高座を降りて来てしまったことがあるらしい。そのことを米朝一門の若手が「さすが松鶴師匠。シャレてるな」と感心して、米朝師に報告した。すると、米朝師はひとこと

「そら、六代目、すべってんねがな」

そらそうかもしれんけど……。身も蓋もない反応に若手も言葉を続けられなかったそうな。松鶴師が亡くなったあと、ざこばさんや雀三郎さん、吉朝さんなど米朝一門も手がけるようになっている。

◎

一般には「遊山船」と表記するが笑福亭では「遊散船」と書く……という説も聞いたことがある。「上方はなし」に掲載されている五代目松鶴師の速記のタイトルは「遊散船」になっている。ただし、初代春團治師のレコードのラベルに「遊散船」となっているものがあるので、

ちとややこしい。

橋の上の会話は屋形船をながめながら、喜六がボケるのに対して、清八がいちいち突っ込むという漫才風のやりとりに終始する。

噺は〽吹けよ川風上がれよすだれ……という陽気な下座の唄で幕が開く。橋の上では「カチワリ氷」や「種まで赤い」というのが売り物の「新田西瓜」、「烏丸琵琶《からすまるびわ》葉《よ》湯《とお》」という昔の栄養ドリンクの物売り店が出ている。花火も上がって賑やかな様子を描写する。

橋の上から川面を見下ろした二人ののどかな会話が始まる。

「上手で大水が出たと見えるなあ。ぎょうさん家が流れて来たあるやないかい」

「アホ。あらあ船やないかい」

「あれ、船か？　それにしたら、屋根がついてて障子がはまってて手摺りが付いたあるで」

「あらあ大屋形や」

「いつもおまえが銭借りに行くとこ」

「そら親方や。大屋形。大きい屋形船やさかい大屋形や」

吉朝さんは喜六が「あれ、船か？」とたずねるのを「イーコンコンか？」と言う。「イーコンコン」とは船の櫓をこぐ音で「船」の幼児語である。

初代春團治師のレコードでは清八が「それは親方や」と言ったあと「おかしなとこで、恥辱与えな」と突っ込む。気楽な二人の会話に、突然「恥辱」という漢語をほうりこんで落差で笑わせる初代のテクニックだ。雀三郎さんと吉朝さんが採り入れている。

一艘の屋形船の障子が開くと、さっそく中の様子を見た喜六が質問する。

「あの屋形船、べっぴんがぎょうさん乗っとるやないかい。あのべっぴん、なにさんや？」

「なにさんてお稲荷さんみたいに言うやつがあるかい。あれはみな、出てる子や」

「みな、船の中に入ってるで」

「そやないがな。『褄取る子や』言うてんねがな」

「なにも取ってへんがな」

「どない言うたらわかんねんな。『芸衆や』言うてんねん」

「なーんや、広島の女か」

「そやないがな。芸者やがな」

こんな調子の会話が続いていく。

隣に座っている舞妓の振袖を見た喜六が

「あんな袂へ南京豆入れたら食いにくいやろな」と言い出すので、清八が

「そんなとこへ、南京豆、入れはれへん」

と言い返すくだりは、六代目松鶴師の高座にはなかったが、「上方はなし」の速記にあったの

を、ざこばさんが復活してバージョンアップした。

「いやいや、入れはれへんのはわかってんねん。入れたら食いにくいやろな……いうてんねん」

「そやから、入れへん言うてんねや！」

「入れへんのはわかってるちゅうねん。入れたら食いにくいな言うてんのじゃ！」

「ああ、食いにくいっ！」

「みてみい、俺の勝ちやないかい」

「そんなもんに勝ちも負けもあるかい」

と喧嘩腰のやりとりとなる。さらに雀三郎さんが二人のバトルをエスカレートさせており、大声で怒鳴り合っている途中で清八が「も、もうやめとこ。頭の線切れてしまうぞ」と言って一段落する。

そのうちに、次々と料理が運ばれてくる。

「あの皿に入ったあんのは何や？」

「あら、鰻のかば焼きや」

「おかしいなあ。わいとこで食うてる鰻とえらいちがいや。わいとこで食うてんのんは短いで。あの鰻、えらい長いやないかい」

「それは半助や」

「いいや、源助はんとこで買うた」

「そやないがな。『半助』ちゅうのは鰻の頭や」

「鰻て、胴のあるもんか？」

「胴を食うのんや。頭はほかすとこや」

「頭はほかすとこか？　焼き豆腐とグツグツと炊いたらうまいで。そうか……。胴のほうがうまいか……。なあ、清やん。あの客も人間ならわいも人間や。わいも死ぬまでにいっぺんでええさかい、鰻の胴に巡り合いたい」

じつにバカバカしいけれど、涙ぐましい台詞ではあるまいか。

そのあと、丸のままの切っていない巻きずしが出て来る。これは客が食べるものではなく、舞妓が食べるためのものである。

「舞妓がおちょぼ口で巻きずしを食べるんやけど。上等の海苔で巻いたあるさかいなかなか食い切られへん。困った顔をしよるのを見て、楽しみながら客が一杯飲むちゅう趣向や」

と今では説明しているが、本来はもっとセクシャルな場面を連想させる趣向のようだ。松鶴師も**六代目笑福亭松鶴上方はなし**の録音では「尺八食い」という言葉を使っているし、生の高座ではもっとあからさまな横文字を使って説明したこともあった。

そのあと、稽古屋の船が橋の下を通りかかる。〽龍田川には紅葉を流す……という下座唄をはやしながら通り過ぎて行く。清八が声をかけると、稽古屋の女がみごとに返してくる。

松鶴型では清八が

「おい、喜公。おまえとこの嬶も女やけど、あんな粋なことよう言わんやろ」

と挑発するので、怒った喜六が

「あれぐらいのこと、うちの嬶かて言えるわい」と喧嘩別れして帰宅する。そして、嫁さんに頼んで真似をすることになる。ざこばさんもこちらの型だ。

対して米之助師から吉朝さんに伝えられた型は、清八と喜六は喧嘩せず、喜六も

「おおきに。今日はおもろかったわ」

と礼を言って円満に帰宅。清八に対する対抗心ではなく、自分の心の中からムクムクと盛り上がってくる「あの真似がしたい」という欲求に従って嫁さんに頼むことになる。

いずれにしても、亭主の遊びに「早いことしなはれ。暑苦しい。こんなもん着せやがって」とぼやきながらも付き合ってくれる女房のやさしさは感動的でもある。昔の庶民は、暮らしは豊かでなくとも心はとても豊かだったのだ。

夢八

速記……上方落語㊤（筑摩書房）
上方落語〔⑤笑福亭松鶴〕（講談社）
落語名人大全〔②桂圓枝〕（講談社）
CD……ビクター落語上方篇・二代目露の五郎①（ビクター）
ベスト落語　二代目三遊亭百生（コロムビア）
六代目笑福亭松喬上方落語名演集（コロムビア）

日常生活を送っている最中に突然居眠りして夢の世界に入ってしまう八兵衛は「夢見の八兵衛」……略して「夢八」と呼ばれている。昼間に居眠りすることから、夜番をやらせたところ、やはり寝てしまいお払い箱になってしまう。親切な甚兵衛さんが「つりの番」という仕事を紹介してくれるので、現場にやって来ると魚釣りの番ではなく、首吊りの番だった。眠らないように板の間を割り木でトントン叩きながら番をしていると、年古く棲んでいる黒猫が精を吹き込み首吊りがしゃべりはじめる。その首吊りの命令で八兵衛が『伊勢音頭』を歌うと、それに合わせて首吊りが踊ったため縄が切れて落ちて来る。八兵衛は死骸を抱いた型で気を失ってしまう。翌朝になって様子を見に来た甚兵衛が八兵衛を起こすと、八兵衛は「歌います歌います。〽伊勢はナー……と伊勢音頭を歌い始めるので、甚兵衛、あきれて「伊勢詣りの夢見とおる」。

◎　◎

我々が落語を聴き始めた七〇年代には露の五郎兵衛師の専売の噺であったが、六代目松鶴師や桂枝雀さん、六代目松喬さんも手がけていた。

五郎兵衛師が三遊亭百生師から伝えられた型は八兵衛が甚兵衛さんのところにやってきて「近頃、起きているときも夢を見て困る」とぼやくシーンから始まる。

ところが、六代目松鶴師や松喬さんが演じていた五代目松鶴師の型では、なぜ夢を見るようになったか……というエピソード1にあたるシーンからスタートする。八兵衛は以前に町内の夜番をしていたことがあるという体験談を話す。年に一度、夜番の「大会」があり、場所は順慶町の「天狗」。堺筋に面したところにあった汁店《しるみせ》「天狗楼」で、白味噌のだしが名物だったという。おそらく二階に大きな舞台付きの座敷があって、そこでいろんな集まりが開かれていたのではあるまいか。

大会の日には舞台に町遠見に番小屋の書き割りを置いて、上手に用水桶、中央に柳の木の植え込み、前が溝石、犬が一匹寝ているという細かい道具建てになっている。その前で各町内を代表する夜番が、それぞれの自慢の太鼓を聞かせて優劣を競う。平和な時代には、こんなのどかな催しがあったのだろう。どんな太鼓を聞かせたのかというと、安堂寺橋の久七という男が「ホイ入りの初夜」という太鼓を打ったという。どんな打ち方かというと、五つ打つ太鼓を四つ打つ間に「ホイ」という掛け声を入れて五つに聞かせる。つまり「ドンドンホイドンドン」

と打つという、すごいのかすごくないのかよくわからない芸を披露したわけだ。この大会で八兵衛が披露したのは「文句入りの夜中」。「エソエエソエエソシモサカ、ヤレコノホイト、ホイト」という文句が九つを知らせる太鼓に合うというのである。この「芸」で、みごと優勝を勝ち取るのだが、ほかの町内の夜番たちにねたまれて、時の太鼓を打とうとすると、隣の町内でドンドンドンと太鼓を打つ。次にドンと打つと、隣町で続けてドンドンドン……。こんな調子で邪魔をされるので、いくつ時を打ったかわからなくなってしまう。翌朝になって、町内のお年寄りから

「おまえは時を知らせて歩くのか、時を間違わせに歩くのか」と叱られる。

翌日は横町の赤犬にほえつかれたのに腹をたてて、追い払おうと太鼓をドンドンドンと連打しながら追いかけ回したところ、町内の人たちは火事だと思って大騒ぎになるので、ついに太鼓の役は外されて柝の役に回らされる。太鼓は時の区切りに打てばいいのだが、柝は番小屋の前を人が一人通るたびにチョンと打ち、二人通ったらチョンチョンと打つことになっているので夜通し寝ることができない。このあたり、江戸時代の大坂の街の防火防犯対策の一面を知ることができる貴重な風俗資料ではなかろうか。

ところが八兵衛さんには持病というか癖があって、じっと座っていると居眠りしてしまうという夜番には致命的な病なのだ。番小屋に座って居眠りしているところを町内の隠居に起こさ

れて、あわてて柝をチョンと入れようとするのだが、柝がチョンと鳴らないでポソと鳴る。不思議なのでよく見てみると、居眠りしている間に誰かが柝を寒天と取り換えていた。

また翌日も番をしているうちに寝入ってしまって、目が覚めると番小屋の前をチョロチョロと水が流れている。「こら、津波が来て流されてしまったか」とあわてていると、八兵衛が眠っている間に番小屋ごと農人橋《のうにんばし》の上まで引っ張って行かれたらしい。

あまりのことにあきれはてた町内のお年寄りは「次に居眠りすることがあったら町内に置くことができん」と言う。そして「おまえ、居眠りをするのやったら夢を見るやろ？　ひょっとええ夢を見たら買うてやる」とも言ってくれる。

その翌朝、八兵衛はお年寄りのところに出向いて「ゆうべ、一富士二鷹三なすびの夢を見ました」と報告すると、お年寄りは喜んで一分くれるが「夢は上夢じゃが、夢を見たということなら居眠りしていたにちがいない。おまえはクビや」ということになってお払い箱になってしまう。それ以来、「あんな夢を言うていかなんだらよかった。夢がたたったのじゃ」と「夢」がトラウマになって、起きている時でも、歩いている時、飯を食べている時でさえ夢を見るという体質になってしまった……と説明する。そして「さいぜんから、あんたと話しながらも七つ八つ夢を見ました」と言う。起きている間も夢を見るという奇病になるまでの物語があったわけである。

私はこの冒頭の部分は六代目松鶴師と松喬さんで聞いたことがある。ことに、柝と思って打ったら寒天だったというシーンのとぼけた味は、松鶴師、松喬さんともに絶妙であった。

「つりの番で金がもらえる」という話にのった八兵衛が、甚兵衛さんに連れられて現場の長屋にやって来る。甚兵衛が長屋のおかみさんに

「おなおはん。どんな具合やいな?」と声を掛ける。すると、「おなおはん」と呼ばれた女性は、顔をしかめて

「まーあ、甚兵衛はんでっかいな。いいえな、怖いこと。まだ検死も済ましまへんねやがな。ずーっとぶら下がったなりで……」と報告する。この一瞬で「つり」というのが「魚釣り」ではなく「首吊り」であることがわかる。五郎兵衛師の描写のすごいところは、「検死」という前の「怖いこと」という言葉で異変を感じさせるところだ。お芝居が好きで役者の経験のあった五郎兵衛師の本領が発揮された一瞬だったと思う。

首吊りのあった家に入った八兵衛さんは、甚兵衛さんから弁当の重箱を受け取る。ここでも、高野豆腐をかじって、その汁が手を伝って手首からひじへに流れてくるのを視線と動きできっちりと描いていた。

甚兵衛さんは、「番してる間に眠ったらあかんさかい」というので持参した割り木で板の間を叩き続けることを命じる。叩き方について五郎兵衛型ではとくに説明はないが、松鶴型では

夜番の太鼓の拍子で叩くことになる。ここで前歴が夜番であったことが生きてくるわけだ。

やがて甚兵衛さんも帰ってしまい、ひとりぼっちになった八兵衛さんは、右手に持った割り木に見立てた張扇で高座の床を叩きながら左手で握り飯をほおばっているが、暗がりに目が慣れてくると、目の前に筵が一枚吊ってあって、その向こうに誰か人が居ることに気づく。声をかけても返事をしないので、その人の足元を探ってみると宙に浮いていることがわかる。さすが気楽な八兵衛さんも「首吊り」であることに気づいて、悲鳴をあげながら割り木を振りまわす。すると、割り木が吊ってあった筵に当たって首吊りが姿を現す。

「筵がパラッと落ちた。と、この筵の向こう側に……」というところまでしゃべっておいて、ここで演者は登場人物から素顔の落語家に戻る。そして、懐から手ぬぐいを出してそれをひろげ、縄のように綖りながらぼやきはじめる
「これやらなあかんさかい、わたい、この噺、あんまり好きやないんです」

縄状になると、自分で自分のあごの下に手ぬぐいをまわして首吊りの型にしてぐっと上に引き上げ、白目をむくと下座からボーンとドラが入り、首吊りの登場に客席は拍手をおくる……という段取りになる。この演出、『ふたなり』という噺でおやっさんが過って首を吊るシーンにも応用されている。

首吊りを見た八兵衛は、めったやたらと板の間を叩きながら、それでも握り飯は食い続ける。

すると、ここに長屋に古くから棲みついている黒猫が登場する。八兵衛が怖がっている様子を見て、天窓から首吊りに息をフーッと吹きかける。すると、首吊りがものを言いはじめるのである。

「番のお。番のお」

この場合の「番のお」というのは「番の人」という意味合いだ。いよいよ恐怖にかられて叫んでいると、首吊りは「伊勢音頭を歌え」とリクエストしてくる。『七度狐』という噺では、古寺に夜伽をすることになった喜六と清八の前に現れた老婆の幽霊が「伊勢音頭を歌え」と注文する。幽霊は『伊勢音頭』が好きなのであろうか？「音頭」の陽気さが怪談の中で歌われることで、より状況の間抜けさが増すのであろうか。

この噺を十八番にしていたのが二代目桂圓枝師。俗に「首吊りの圓枝」と呼ばれたのは、この噺を得意にしていたためである。**落語名人大全**の速記は、その円枝師のものとなっているが、**上方落語**所収の速記と同じものである。圓枝師の『夢八』の音は「古今東西噺家紳士録」のCD－ROMに入っている。

弱法師

速記……米朝落語全集⑦（創元社）
四世桂米團治寄席随筆（岩波書店）
CD……お名残り吉朝庵（EMI）

一人息子の俊三の気が弱いので、常々父親は苦々しく思っている。包丁屋に「裁ち包丁」を注文させたところ、間違えて「菜刀《ながたん》（菜切包丁）」を渡されても「ちがう」と断ることができずに持ち帰ったので、父親から激しく叱られた。その夜、俊三はいずくへともなく姿を消してしまう。その翌年の春彼岸、四天王寺に参詣した父親と母親は乞食たちの群の中に俊三の姿を発見する。母親は連れて帰ろうとするが、父親は「今連れて帰ったのでは本人のためにならん」と茶店で買った団子を恵んで立ち去ろうとする。母親の手から団子を受け取った俊三、大きな声を張り上げて「菜刀あつらえまして、難渋いたしております」

◎　◎

乞食の常套句「長々患いまして、難渋いたしております」というフレーズをもじったサゲである。もともとは小咄だったが、四代目桂米團治師が「上方人情噺」として再構成し、地の文を一切排除し、時の経過を「間」だけで表現し、一年の経過を下座の『京の四季』をバックに流しながら四季折々の物売りの声で表現するという、今思っても斬新でお洒落な演出で三十分以上かかる大ネタに仕上げた。米團治師も最初は『菜刀息子』として演じていたらしいが、弟子の若者が

「師匠。これは能の『弱法師《よろぼし》』でっせ」と言ったことから、その粗筋を聞き、落語のタイトルも『弱法師』に改めた。その弟子の若者というのが、後の米朝師である。

能の『弱法師』のあらすじを申し上げると、河内の国高安の里の左右衛門尉通俊はある人の讒言を信じて息子の俊徳丸を追放してしまう。俊徳丸は盲目となって「弱法師」と呼ばれる乞食に身を落としている。父と子は、春の彼岸の中日に四天王寺で再会を果たす……という物語。歌舞伎や文楽がお好きな方は、登場人物の名前に見覚えがあるかもしれない。『摂州合邦辻《せっしゅうがっぽうがつじ》』である。説教節『しんとく丸』を起源とする俊徳丸伝説をもとにした物語で、それが能になり、文楽になり、歌舞伎になり、ついには落語になったわけである。

実は私自身、吉朝さんの高座でこの噺を聞くまで、そんなにたいそうな噺とは思っていなかった。関西学院大学古典芸能研究部が発行した米團治師の速記をもとにして演じていた方もいて、その高座も拝見したが、失礼ながら「出てくる人がみんな泣いてる陰気な噺やなあ」としか思えなかった。吉朝さんの高座を聞くと、泣き声をあげるのは母親だけで、あとは父親も態

五郎も淡々としゃべっている。米團治師も「さあ泣いてくださいよ」という意味で「人情噺」と冠を付けたのではあるまいと思う。「人間てこんなもんとちがいますか」という、ちょっとクールな視点で人の心の動きを描いた噺にしたかったのだと思う。

それにしてもギャグの少ない一席である。四天王寺にやって来た老夫婦が茶店でお茶を飲む。母親が父親に「ええ色に出ておまっせ」と言ってから一口飲んで「色のわりに味のないお茶」と言うくだりと、母親が乞食に施しをしていると丸々と肥えた子供の乞食が「長々患いまして難渋しております」と元気いっぱいに言うのに「ウソ言いなはれ」と突っ込むところぐらいしか笑いどころはない。その二か所も「笑わせまっせ」クスグリではなく、「そんなことあるある」とフッと笑いたくなるギャグなのである。

とくに後の「長々患いまして」はサゲの元になるフレーズなので、笑わせながら仕込みをしているわけである。米團治師は無意味なギャグを潔癖に排除する人だった……と米朝師からうかがったことがあるが、その見本のような一席である。

そのかわり、人間の心の綾は克明に描写していて、俊三の一周忌に熊五郎がお参りに持って来たお供えのドロップを見て

「チリップたらチャラップたらちゅう西洋の飴じゃろう。川口へでも行って買うて来たんやろ。高いやろにアホなことしたもんや」と口では文句を言っているようだが、その裏には俊三のこ

とを心配して、一晩中探し回ってくれた熊五郎に対する感謝の気持ちが薄く薄く込められている。

枝雀さんがよくおっしゃっていた「情は薄ければ薄いほど上等である」という理論がある。大声をあげたり涙をポロポロ流して悲しみを表す「濃い情」はときとして涙の押し付けになってしまう。なにげなく挿入された薄い気遣いの言葉こそが、聞き手の心の深い部分に沁みこむというわけだ。米團治師は、この「薄い情」の世界が大好きだったのだと想像する。

この噺が米朝一門にとって特別な意味のある噺となったのは、なによりも桂吉朝さんが最後の高座で口演したことによる。

吉朝さんはこの噺を人生で二回だけ演じている。最初は一九九七年一二月一〇日に大阪梅田の太融寺というお寺で開かれていた勉強会での口演。そして二度目は二〇〇五年一〇月二七日に国立文楽劇場で行われた「米朝・吉朝の会」での高座。二度目に演じるにあたって、吉朝さんは入院先の病院のベッドで八年前の自分の録音を聴きなおしていたという。

最後の高座になった「米朝・吉朝の会」のパンフレットに一文を書かせていただくことになり、『弱法師』を演じるにあたっての心構えなどを聞きたいと思っていたところ、入院中の吉朝さんから電話をいただいた。なぜ『弱法師』を演じる気になったのかを尋ねると

「この噺を演じることで、米團治師匠というお方がどういうお人やったかを知ることができる

んやないかと思います」との答えが返ってきた。そして
「能の『弱法師』の中に〽梅の香の聞こえ候……という文句があるんやけど、梅をなんとか噺の中で触りたいと思ってますねん」
吉朝さんは続けて
「ぼく、お彼岸に四天王寺さんにお詣りして、鳥居の向こうにお日さんが沈むのを見るのが好きですねん」とも言った。まさか、そんなに症状が差し迫っているとは知らなかった私は「なんと抹香臭いことを言うのだろう」と思ったが口には出さなかった。おそらく、吉朝さんはこの噺が自分の最後の高座になることを覚悟していたのだ……と後になって思い知ることになる。
その日、出囃子『外記猿』とともに舞台ソデから吉朝さんが姿を現した時、思わず息を吞んだ。予想を超えて痩せていたからである。高座に座ると客席の大喝采を縫って「グレイト吉朝！」という大向こうがかかった。声の主は吉朝さんの親友である文楽の豊竹英太夫（現・呂太夫）師である。それを受けて吉朝さんは
「声も出にくくなっておりますんで、あんまりええ声をかけていただきませんように」と答えてしゃべりはじめた。その声は確かに力なくかすれていた。これから四十分かけて、『弱法師』という大きな船を操って航海に出ようとしているが、無事に目的の「サゲ」という港までたどりつけるだろうか……。そんな私の心配は噺が進むにつれて杞憂にすぎないことがわかった。

途中一度だけ高座の横に置いた湯呑に手を伸ばして喉を潤したが、後半になるにつれ声は艶と張りを取り戻して、いつもの吉朝さんと変わらない調子に戻っていた。

無事にサゲまでたどりつき、ゆっくりと頭を下げると終演を告げる「バレ太鼓」とともにゆっくりと緞帳が降りた。そのあとの二分間、客席の拍手は鳴りやまず、誰ひとり席を立とうとはしなかった。

楽屋へ回ると吉朝さんは既に着替え終わって、鼻に酸素のチューブを入れて車椅子に乗っていた。その姿を見て何も言うことができず、かろうじて「おつかれさん」と声をかけると、吉朝さんはニッと笑って

「定ぼん。ほなな」

と答えてくれた。標準語に翻訳すると「ほなな」は「じゃあね」という意味である。この短い挨拶が、私がこの世で聞いた桂吉朝さんの最後の言葉になった。それから十二日後、彼は旅立って行った。

当日、吉朝さんは『弱法師』のほかに、もう一席『ふぐ鍋』を演じる予定であったが、体力的に無理で雀松時代の文之助さんに代演を頼んだ。代演で出るにあたって、文之助さんも米朝事務所のマネージャーも「代演する旨を貼り紙かアナウンスでお知らせしたらどうですか?」と吉朝さんに何度も進言したのだが、吉朝さんはかたくなに

「そんなことせんでもええねん!」と拒み続けたという。その真意はいまだに不明なのであるが、文之助さんは
「吉朝兄さんの、ぼくに対するイタズラやったんとちがいますか」と笑っていた。
実際に、前座の佐ん吉さんが高座を下りて、お茶子さんがメクリを「雀松」と返して舞台ソデに戻って来たとき、文之助さんが
「客席、どんな感じやった?」と質問すると。お茶子さん、答えて
「どよめいてました」
「そのあとに出るんですよ。いやでしたよーお」と文之助さんは回想する。
しかも、事務所のマネージャーからは「吉朝さんがあんな体調やし、米朝師匠も本調子やないんで、できるだけ長いめにお願いします」と頼まれたという。
「米朝師匠と吉朝兄さんの会やのに、『長いめにやれ』と言われてもねえ」とぼやいていたが
「けど、代演にぼくを選んでくれはったのは光栄なことです」とも言った。そして、その時に演じた『替り目』はすばらしい出来で、客席を充分温めたことを記憶している。
吉朝さんは『弱法師』を演じきって冥途に旅立った。あちらで米團治師匠と対面して
「大師匠。この演じ方でよろしおましたやろか?」と質問しているのではなかろうか。

ろくろ首

CD……ビクター落語上方篇・五代目桂文枝⑨（ビクター）
桂ざこば独演会⑤（ＥＭＩ）

仕事もせずにブラブラしている男に、親切な甚兵衛さんが養子の話を持ち込んでくる。養子に行く先は大きなお店の一人娘で、なかなかの器量よしとのこと。但し、ひとつだけキズがあって、この娘さんの首が夜中にスルスルと伸びるというのだ。しぶしぶながらも婿入りした、その真夜中、娘の首がほんとうにスルスルスルと伸びたのを目撃して、男は「出たあ！」と叫んで甚兵衛さんの家へ逃げ帰って来る。甚兵衛さんが「帰りなはれ。娘さんも待ってはるで」と言うので、男が「娘さん、どないして待ってまんねん？」と尋ねると、甚兵衛さん「首を長うして待ってるがな」

◎　◎

漫才師の二葉家吉雄師から五代目文枝師に伝えられた噺である。吉雄師は二代目三遊亭遊三師の門人で「遊三郎」と名乗っていた落語家であった。時代が大正の末から昭和になって、関西では漫才という新しいスタイルの演芸が寄席の主役にとってかわった。その時に落語の世界から漫才界に移転した芸人さんはたくさん居る。ボヤキ漫才の祖・都家文雄師も元は「桂歌路」という落語家だったし、木村栄子とコンビを組んでいた三遊亭小圓師も子供のころからの落語家だった。滅亡の危機に瀕していた上方落語の糸をつなぐにあたっては、このような「OB」の方の力添えもあったのである。吉雄師は「二葉家の師匠」と呼ばれて米朝師の思い出話にもよく登場しておられた。

この噺は文枝師からざこばさんに伝えられ、米朝一門の若手たちも演じている。

文枝師の喜六の破壊力は抜群で、若手だと無理に聞こえてしまうボケも「この男やったら、このぐらいのこと言いそうや」と納得させてしまう。たとえて言うなら、頭の上に青空が広がっているような突き抜けた、爽やかな「アホ」なのである。

「小糠三合あったら養子に行くな」というフレーズが出てくる。噺の中では「小ぬかった者は養子に行くな」と甚兵衛さんに訂正されるのだが、辞書をひもといてみると「小糠三合あるならば入り聟すな」という言葉がちゃんと出ている。その意味は「わずかでも財産があるのなら、気を使うことの多い入り婿などせず、独立して暮らしなさい」ということらしい。

アホが養子に行こうかやめておこうかと迷うくだりで「食べりゃもみなし、吐き出しゃ惜しい」というフレーズを口走る。「もみなし」というのは「おいしくない」という意味。つまり「食べるとまずいけど、吐きだしてしまうのには惜しい」というジレンマである。

養子先を訪れた喜六に挨拶の台詞を教えるために、足の親指と中指と小指に紙縒《こよ》りを結びつけておいて、親指を引っ張ると「ごもっとも」、中指が「なかなか」、小指が「さようさよう」と答えるように教えておく。

座敷に通されてお膳をいただいていると、飼い猫がやって来る。

以前は「生臭い匂いがするので」という理由がつけられているが、いまは「ええ匂いがするので」と言い換えている。料理は生臭くないはず……という理由からである。

その猫が、アホの足の指に付けられた紙縒りにじゃれつきだす。甚兵衛さんが引っ張っていないのに、喜六が「ごもっとも！　なかなか！　さようさよう！」と叫び始めるので、甚兵衛さんはびっくり仰天することになる。

まず、養子に行く娘さんと対面するにあたって、足袋も履いていなかったのか？　それとも座敷に通されてから脱いだのか？　そんな細かいことに気がついたのは、この噺を何度も聞いた後のことで、しかも若手が演じている時のことだった。文枝師やざこばさんの高座では全く気がつかなかった。こんなことは落語ではよくあることで、細部の矛盾点は落語家の話術によって気にならなくなっているのである。

娘の首が伸びたのを目撃した喜六は、甚兵衛さんのもとに駆け付けて報告する。

「初日から出るとは」

「芝居みたいに言うねやないがな」

というやりとりは、昔の歌舞伎は初日にはどうしても不慣れなために芝居も幕間の時間が延びて、一日の最後の幕が「預かり」ということになって出ないことが普通だった。そのため、初日には出ないと覚悟していた最後の幕が出たりすると「初日から出るとは思わなんだ」と言ったことの名残である。そんな昔でなくとも、われわれが学生のころの京都南座の初日の打ち出しは午前零時近くになったこともあったし、もっと前には「初日特別番組」として昼の部と夜の部を一部の料金で通して見ることができるが、最後の幕が出るかは保証しないというシステムもあり、根っからの歌舞伎ファンは初日に見物に行ったものだ……と十八歳違いで歌舞伎ファンだった姉から聞いたことがある。

現在のサゲはこの項の冒頭で紹介した型だが、文枝師のCD**ビクター落語上方篇・五代目桂文枝⑨**でのサゲは辛抱せえという甚兵衛さんに対して喜六が
「六月、七月、八月と暑い三月は休ませてもらいますわ。で、九、十、十一、十二月。一、二、三、四、五月と行かせてもろうて、また六、七、八月と休ませてもらいますわ。暑い時分には蚊が出まっしゃろ。蚊帳吊りまっしゃろ」

「そら吊るわなあ」

「ほれ見なはれ。首の出入りに蚊が入ってしょうがおまへんがな」

現行に比べると、いささかもっちゃりはしているものの実にのどかで、ぬけぬけとした捨てがたいサゲだと思う。ことに文枝師の粘りのある口調で言われると、喜六の人間の大きさ（？）さえ感じてしまう。

吉雄師から文枝師に伝えられた噺に、もうひとつ『時うどん』がある。東京の『時そば』とちがってうどん屋を訪れるのは二人組で、翌日、二人でやったやりとりをアホが一人で繰り返すという上方の型は、吉雄師から文枝師に伝えられなかったら、滅んでいたのだ。

文枝師も若手のころは十八番ネタとして演芸場などでもよく演じていたが、後年、ことに文枝を襲名してからは大きなネタ中心となって、軽い噺はめったに演じなくなってしまっていた。一九九九年二月、NHKの企画で「NHK衛星落語特選型破り師弟競演」という、若手が大ネタを演じ、大御所に軽いネタを演じてもらう番組のお手伝いをしたことがある。その時に、無理にお願いして演じていただいたのが、『時うどん』だった。ディレクターと私が入れ代わり立ち代わりお願いしても、文枝師は
「いやあ、もう長いことやってまへんさかい、忘れてしまいましたわあ」と断っておられたらしいが、名物ディレクターのKさんが「うちに師匠の若い時の録音がありましたので」とテー

プを差し出したことで、さしもの文枝師も断り切れなくなって演じてくださった。その時の『時うどん』のすばらしかったこと。
「師匠！　すばらしいですよ！　若手へのお手本としてもっと高座にかけてください」とお願いしたのだが、師匠はてれくさそうに笑うだけで、なんとも答えてくださらなかった。でも、しばらくして、お弟子さんから
「師匠、あれから独演会で『時うどん』、かけてはりまっせ」と教えてもらうことがあって、ちょっと嬉しい気分になった。
一か月ほど経って、文枝師にお会いすることがあった。そこで、私が
「師匠。若いころは『米揚げ笊』とか『動物園』も演ってはったんですねえ」と申し上げると、師匠は破顔一笑して
「そうでんねん。若いころは、いろんなネタやってましたんやでえ」と言ったあと、ふと真顔に戻ると小さい声で
「……もうやらしまへんでえ」とやんわり釘を刺されてしまった。
この企画の楽屋での文枝師と米朝師の攻防戦（？）は『米朝らくごの舞台裏』の「肝つぶし」の項に書いたので、機会があればお読みいただきたい。

山名屋浦里

江戸の吉原の山名屋を訪れたのは田舎の藩の留守居役・酒井宗十郎。主人に面談するなりいま全盛の花魁・浦里太夫に会わせてくれと無理な願い。訳をたずねた主人に酒井が言うには、毎度茶屋に集まっては親睦と称して酒色におぼれている風潮に異を唱えたところ、よその藩の留守居役たちから嘲笑された。その上、「次回の集まりでは江戸の妻の披露をしよう」と馴染みの遊女を連れて来るよう約束させられる。堅物で馴染みの女のいない酒井は、藩の名誉のために「吉原一」と評判の浦里に頼みに来たというのだ。その話を立ち聞きしていた浦里は、留守居役たちの座敷に行くことを約束する。いよいよ集まりの当日、なかなか浦里が現れないので、他の留守居役たちに「うそつき」よばわりされているところへ盛装した浦里が現れ「酒井さまは、わちきの間夫《まぶ》」と言い切る。後日、山名屋に訪れた酒井に、浦里は「色町に来てから初めて自分の意思を通しました。これからも兄妹としての付き合いを頼みます。小さいころから廓しか知らない自分に、外の世界の話を聞かせてください」と頼む。その後、この二人は友として長く交流した。

◎　◎

本書は亡くなられた師匠方の高座の想い出を中心に綴っていて、現役の落語家さんの高座は補助的に書く……と決めていた。しかし、この噺だけはめったにできない体験をさせてもらった噺なのでその例外とさせていただく。

ことの発端は二〇一二年一月一二日に放送されたNHKテレビの番組『ブラタモリ』の取材でタモリさんが吉原を訪れたときだった。かねてから吉原の文化に興味を持っていたタモリさんは資料を調べはじめ、そのうちに、実際にあった田舎侍と花魁の美しい友情の物語を発見した。それを「笑っていいとも」の楽屋で笑福亭鶴瓶さんに語り「これ、落語にしてよ」と直談判したのだという。鶴瓶さんは驚いて「江戸の吉原の話なんやから、東京の落語家に言うてえな」と断ったところ、タモリさんは「いや、そうじゃないんだ。本当にあったことをそのまましゃべれる落語家に演じてほしいんだ。それは、あなたしかいない」と続けたのだと言う。鶴瓶さんは「それやったら、作家といっしょに相談しましょ」ということになって、私と弟子のくまざわあかねが東京のアルタへ行き、「笑っていいとも」収録後のタモリさん、鶴瓶さんとともに白

金のお蕎麦屋さんで第一回目の打ち合わせをしたのが、一三年の二月二一日のこと。その時は正直言って、私は
「江戸の噺をどうするのかなあ……。落語になるのかなあ……」という思いだったのだが、いつになく、くまざわが
「私に書かせてもらっていいですか？」と積極的に申し出たので、彼女が担当することとなる。すると、タモリさんから山のような吉原の資料が送られて来た。そこから十か月かけて、落語『山名屋浦里』の初稿が完成したのはその年の師走。一二月三〇日に「これからハワイに行く」という鶴瓶さんが、我が家の前まで来てくださって台本を手渡しした。そして、すぐに「ハワイへ行く飛行機の中で読んで泣きました」という電話がくまざわに入った。
それから実際に口演するまでに一年かかった。ただでさえ超多忙な鶴瓶さんである。侍言葉と大阪弁、江戸弁に加えて廓言葉が入り混じる台本だけに、腹に入れるまで時間がかかったのであろう。
そして一五年一月二四日に西宮市の兵庫県立芸術文化センター中ホールの「笑福亭鶴瓶落語会」での初演に至る。初演の高座は、まだまだ粗削りな部分はあるものの新しい人情噺として完成する予感は感じられた。
実際はその一週間ほど前に小さな会場で試演したのだが、まだ試演段階だったので正式な初

演とはカウントしない。
その月末に、鶴瓶さんからくまざわに「この噺、勘九郎が芝居にしたいと言っている」との電話が入る。「勘九郎」とは、あの歌舞伎役者の中村勘九郎さん？　と、私も耳を疑った。
なんでも、鶴瓶さんは親子のルーツを訪ねるという番組で勘九郎さんと共演したときに、まだ初演から二、三回しか演じていないこの噺を試しに演じてみたのだという。一席終わると、勘九郎さん
「始まって二分で、歌舞伎の舞台の情景が頭に広がった」と言ったそうだ。
最初、その話を聞いたとき、私は
「役者さんて、すごい想像力持ってるなあ」と感心すると同時に
「けど、なんぼなんでも二分は大げさとちがう？」と思わないでもなかった。ところが三月一日に、大阪の八聖亭という月亭八方さんが席亭を勤めていた五十人で満員になるような寄席で、鶴瓶さんがこの噺を演じたときのこと。その日は大雨で、会場の一番後ろに座って聞いていた私の耳には表の雨のザーッという音が常に聞こえていた。その時に奇跡が起こった。高座で浦里花魁の台詞を言っている鶴瓶さんの顔が一瞬、中村七之助さんに見えたのだ。そのとたん、私にも幕開きから最後の花道の花魁道中までの舞台の情景が見えたのである。勘九郎さんは二分足らずで見えたけど、私は二か月かかっている。ここがセンスの差というものだ。

その日、打ち上げの会場に歩いて行く鶴瓶さんに
「歌舞伎の台本、ぼくに書かせてもろてよろしいか？」と直訴して、その五日後の三月六日に台本の初稿が完成した。それからはトントン拍子に話が進み、翌年八月の歌舞伎座の納涼公演の切狂言として上演されることが決まった。過去にも三遊亭圓朝師の『怪異談牡丹燈籠』や『塩原多助一代記』などが歌舞伎化された歴史があるが、初演から歌舞伎としての上演までの期間の短さだけでは新記録ではなかろうか。圓朝師匠には申し訳ないが、ちょっとだけ自慢させていただく。

そうこうしているうちに、歌舞伎座のチラシが完成した。河竹黙阿弥、岡本綺堂、近松門左衛門、十返舎一九などの錚々たる大家にまじって、第三部の切狂言の演目の肩に「くまざわぁかね」という平仮名の名前がチョコンと座っているのもおもしろかった。

タイトル横のキャッチコピーに「笑福亭鶴瓶の新作落語を歌舞伎に！」と表記した。鶴瓶さんがタモリさんに
「その前に『タモリが見つけてきた』という文を入れましょうよ」と言ったときの、タモリさんの答えが格好良かった。
「歌舞伎座に『タモリ』は似合わねえよ」

一方、その間、鶴瓶さんのほうも独自にこのネタに磨きをかけて完成品に仕上げていく。

そして八月一日にお稽古が始まる。演出の今井豊茂先生のおかげで、台本は初稿とはくらべものにならないほどのいい内容になっていた。初めて経験することも多く、例えばラストシーンの花魁道中には禿《かむろ》役の子役が出演するのだが、労働基準法によって午後九時までに終わらせなくてはならなかった。そのために台詞を削る作業をしていると、坂東彌十郎さんが手を挙げて「俺が禿で出ようか」とおっしゃったので稽古場は爆笑。ご存じのとおり彌十郎さんは身長一八〇センチ。もし実現していたら、歌舞伎史上最も巨大な禿が登場するところだった。

稽古がスタートして初日の本読みが終わった翌日の二日目、午前十時に鶴瓶さんが歌舞伎座の稽古場にやって来て、出演者一同を集めて本家の『山名屋浦里』を披露してくれた。一席終わった後、勘九郎さんが

「もう一度、本読みをやりなおしましょう」と提案。鶴瓶さんの落語が、同じ世界を演じようとしている役者さんたちに新しいイメージをプラスしたのである。

そして、いよいよ初日が開いても、作品は作者の手を離れてどんどん進化して行った。

勘九郎さんは田舎から出てきたばかりの留守居役・酒井宗十郎の、生真面目で一本気なのにどこか可愛いキャラをみごとに描いてくれた。隠し芸を強要されヤケクソになって不思議な踊りを披露するはじけっぷりや、仲間たちの居る座敷で浦里にすがりつかれて、ビクッとしながらも嬉しそうな表情は無類だった。

ヒロインの浦里を演じてくれた七之助さんの最初の屋形船に乗っての登場から、山名屋主人と酒井が交渉している場に襖をサッと開けて出てくる立ち姿の良さ。そして、留守居役たちと花魁たちが並んでいる座敷に堂々と入って来る立派さ。ただただ美しいだけでなく、身の上話をするくだりでは、それまでの廓言葉ではなく、田舎言葉を使って情のこもった台詞を聞かせてくれた。実は、鶴瓶さんにお渡ししたくまざわ台本でも、浦里を播州出身にして播州弁でしゃべる工夫があったのだが、鶴瓶さんは

「ぼくがしゃべると、おばちゃんになってしまうから」ということで採用されなかった。美しい花魁が田舎言葉をしゃべるという落差をビジュアル的に見せることのできる歌舞伎ならではの効果であることに気がついた。

ラストシーンで山名屋の亭主がもともとは大坂の人間で、江戸に出て来て「ぜいろく」と呼ばれて苦労した……というエピソードは、この役を演じるのが中村扇雀さんと決まってから書きなおした。役者さんのキャラクターによって、芝居が深くなっていくという体験は初めてのことだった。

歌舞伎座初出演の駿河太郎さん（ご存じ鶴瓶さんの息子）も、最初の内は慣れない様子だったが、日を重ねるにつれて余裕が出てきた。中日を過ぎたころに見物した時、後ろの席の歌舞伎通らしきおばさまが

「あの役者さん、どちらのお弟子さんかしら？」としゃべっているのを聞いて、自分のことのように嬉しかった。

そして、彌十郎さんと片岡亀蔵さんの息の合った悪役コンビの強烈なうまさと愛嬌が、この芝居の奥行を作ってくれたように思う。

その上、舞台を飾る大道具から照明まで、歌舞伎座の超一流のスタッフが最高のものを作ってくれた。ことに、廻り舞台が動いている一瞬の間にしか見えない、山名屋の中庭のセットの丁寧な造りには感動した。

そして、八月二八日の千秋楽を迎える。本舞台で勘九郎さん扮する酒井宗十郎たちが見送る中、七之助さんの浦里が〽闇の夜に……の唄でゆっくりと花道を引っ込んで行く。幕が閉まって「果て太鼓」が鳴り、終演のアナウンスも終わったのだが、どうも様子がおかしい。いつまでも拍手が鳴りやまないのだ。コンサートや現代演劇でのカーテンコールは見たことはあるのだが、歌舞伎ではあまり見たことがない。あとで知ったことだが、舞台裏でも大騒ぎになっていたという。結論として
「花道揚幕に入った七之助さんが本舞台に帰って来るまで拍手が鳴りやまなかったらカーテンコールを実行しよう」ということになっていたのだそうだ。何分か経って七之助さんが戻って来たので、再び幕を開けることになった。

幕が動き出し、続いていた拍手が、まだそんな余力があったのか……と思うくらいさらに大きくなり、客席は総立ちとなった。幕が開ききった時、舞台奥の山名屋の暖簾口から勘九郎さんといっしょに出て来た花魁姿の七之助さんの口が「どうしよう?」と動くのが見えた。

舞台には中村扇雀さんと、楽屋着に着替えた亀蔵さんに連れられた駿河太郎さんも登場。客席の拍手に応えているときに、客席に座っているタモリさんと鶴瓶さんの姿を勘九郎さんが発見。タモリさんと鶴瓶さんは花道から舞台上に招き上げられた。鶴瓶さんが、この芝居ができたいきさつを説明して、おしまいに

「タモリさん、もう行きましょか」と声をかけると、タモリさんが禿の台詞を真似て

「あいあーい!」とカワイく答えて客席全体が爆笑に包まれたところで幕が引かれた。

急いで楽屋へ飛んで行くと、花魁姿のままで七之助さんが待っていてくれて

「いいお芝居をありがとう!」と言って握手してくれた。

歌舞伎座初のカーテンコールというのは、勘九郎さんたちのお父さんの十八代目勘三郎さんが『野田版・研辰の討たれ』を上演した初日におこったのだそうである。

そう聞いたら、なんだか舞台下手にある下座の御簾から、舞台の上の勘九郎さんたちによるカーテンコールの様子を十八代目が見ていたような気がしてきた。

実を言うと、私が知っている歌舞伎座のカーテンコールはもうひとつある。

一九八四年三月二八日に開かれた「桂枝雀独演会」でのこと。トリの高座で一時間二十五分かけて『地獄八景亡者戯《じごくばっけいもうじゃのたわむれ》』を演じきったあと。枝雀さんが、出迎えてくれたお弟子さんやスタッフの皆さんからの「おつかれさま」の声に応えながら、舞台のソデでゆっくりと汗を拭いていると、劇場スタッフから

「お客様がお立ちにならないんですけど、どうしましょう？」

驚いた枝雀さんが

「ど、どうすればいいんでしょうか？」と逆に質問すると

「ちょっとご挨拶を……」ということになって、緞帳が上がると枝雀さんは再び舞台に戻り、舞台の下手寄りに立ち、深々と頭を下げた。それでも、スタンディングオベーションの嵐は収まる気配はなかったが、やがて名残を惜しむように緞帳がゆっくりと下り始めた。緞帳が枝雀さんの姿を隠そうとする瞬間、枝雀さんは膝を折って腰を落とし、右手の指先をちょっと舞台に付けると、もう一度深く頭を下げた。

楽屋へ戻って来た枝雀さん。

「カーテンコールちゅうても、歌手やったら『では、もう一曲』ちゅうてアンコールに応えられますけどなあ。落語は『では、もう一席』というわけにはいきませんもんなあ」

「歌舞伎座のアンコール」を二度も体験させていただいたわけだから、これ以上の幸せはない。

第２章

お囃子さん列伝

上方落語になくてはならぬ存在がお囃子のおねえさんたち。上方落語にとってお囃子の存在は、米沢彦八師匠が生玉神社の境内で葦簀《よしず》張りの小屋で営業をはじめたころにさかのぼるという。もっとも、その時代は下座としての存在だったのか、彦八自身が三味線を弾きながら歌っていたのかははっきりしない。

少なくとも桂文治が坐間神社で寄席を開いた時には、芝居噺を演じていたという記録があるので、その時代には下座囃子方として活躍していたのだろうと想像する。

対して東京の寄席で下座囃子が使われるようになったのは大正時代。震災の影響で、大阪に流れて来ていた東京の芸人さんたちの浪花土産として「お囃子」が東京の寄席に入っていった。同時に演者の名前を書いた「名ビラ」も移入されたのだという。

それ以前の東京の寄席では、はなし家は無音のまま高座に登場し、サゲを言ったあとも無音のままで退場して行った。たまに、ウケが悪くて客席がざわついたりしたときには「シャギリ」という太鼓を入れることがあったらしいが、これを入れられることは芸人にとっては大変な不名誉だったらしい。

TBSの「落語研究会」の古い映像を見ていると。古式に則って下座無しで演じられている。「落語研究会」のネタ帳にお囃子さんの名前が載っているのが一九七一年一月公演からだから、おそらくそれまでは「無音」の会だったと思われる。

東京のお囃子さんの役目というと出囃子の演奏と紙切りや太神楽などの地囃子の演奏だけで、噺の途中に入る「ハメモノ」は『七段目』か『掛取り』程度でほとんどない。さらに、はなし家さんがサゲを言ったあとに「ドンドン」と受ける「受け囃子」が存在しない。いわばコント番組で入る「チャンチャン」という音楽が「受け囃子」である。ただただ入れたらいいというものではなく、シャレたサゲの場合は間をおかずに「テケテン」と軽く入れたり、少し考えなければいけないサゲの場合は少し間を取ってから「ドンドン」と入れる……というように、お囃子さんも高座のはなし家といっしょに落語を演じているという気持ちが必要なのである。三味線のお師匠はんは専門の女性だが、あとの太鼓、笛、当たり鉦などの演奏ははなし家が勤めるので、「ひとの噺に囃子をまともに入れられないようでは一人前ではない」との教えがあった。『三十石』で船頭の船唄を聞かせたあと、ボーンと打ち込むドラの音があるが、笑福亭では宵と夜更けと明け方の三種類に打ち分けることができなかったら中座（東京の二ツ目）に昇進できなかったという。

この「受け囃子」は今でも東京には採り入れられておらず、あちらの寄席や落語会に行くと、サゲを言ったあとシーンとしたままではなし家さんが立ち上がり、楽屋へ向かうころから「テンテンテンテンテンテテンガスッテンテンテン」と次の出囃子にかかる。反対に東京のはなし家さんが大阪で落語を演じて、サゲを言ったあと間を置かずにドンドンと太鼓を入れられるとドキッとするのかもしれない。

私が落語を聴き始めた一九七〇年代、上方の寄席囃子は絶滅の危機に瀕していた。お三味線のお師匠さん方もご高齢で、はなし家の中にも「下座はテープでもかまわないかなあ」という考えを持っている人もいた。そこを守ったのが桂米朝師であり、四代目林家染丸さんなのである。

お囃子さんも高齢者ばかりで、「ハメモノ」を入れるキッカケが聞こえないため、太鼓を担当している落語家が背後で長撥を持って立っていて、撥の先で背中を軽くつつくと演奏を開始し、肩をトンと軽く叩くと演奏が止まる……というような遠隔操作を行っていた……という話も聞いた。

私が知っている一番古参のお囃子さんは池中スエ師。枝雀さんの台本を書かせていただくようになってしばらくして亡くなっておられる。ほとんどお話をさせていただくことはなかったが、お弟子さんにうかがうと厳しいお師匠さんだったそうだ。

とにかく手の回る人で、『石段』という前座専用の出囃子など、太鼓をたたく若手が悲鳴を上げるほどの高速だったそうだ。千朝さんなどは、入門直後にスエ師の『石段』の太鼓を叩かせてもらい、必死で遅れないように叩いたら、おスエさんがニッと笑って「ようついてきたな」とほめてくれたそうだ。まさに「勝負」の世界である。

そのお弟子さんが森キョ子さん。とにかく派手で陽気なお人で、米朝一門の囃子を主に担当。初期のころの「枝雀寄席」の下座も担当していた。三味線は大雑把なところもあったが、人柄と同じく派手で陽気な音で、ことに散財の場面で演奏される『まけない節』の勢いは無比であった。落語会が終わったあとの打ち上げでもビールと若鶏の唐揚げでおおいに盛り上がる、賑やかなねえさんだった。

このキョ子さんのあとにスエ師に入門したのが枝雀夫人の枝代さん。本当の晩年に入門しておられ、スエ師が亡くなったあとは桑原ふみ子師に教えを受けている。

ふみ子師は「二代目杵屋柳翁」の名前を持つ長唄の師匠で、戦後、寄席囃子方が不足していた時代に四ツ橋文楽座の落語会の下座に座ったのがきっかけとなって寄席囃子の世界に入った。一九四八年に戎橋松竹という寄席が大阪のミナミに開場すると、五代目松鶴師、二代目春團治師らの要請に応えてご主人の鳴物方・望月太津八郎師とともに応援に駆け付け、当時の寄席囃子方のトップ・林家トミ師の二枚目（補佐役）を勤めた。トミ師から寄席独特の曲を教えてもらった代わりに、長唄ものについてトミ師に伝えたこともあるという。後に神戸の兵庫パレスという寄席で働くようになったが、パレスの閉館によって元の長唄の世界に戻った。なによりの功績は寄席囃子を「柳翁譜」という独自に開発した譜面に採譜したこと。この譜面のおかげで、上方の寄席囃子が現代まで伝わったと言ってもよい。

七二年から大阪大学の落語研究会のメンバーに寄席囃子の手ほどきを始めたのがきっかけとなって、よその大学からも教えを受けに来る学生が増え、ついには「翠会《みどり》」というアマチュアの大きなグループになった。

教えを受けたのはアマチュアだけでなく、枝代さんのほかに、森垣と実さん、内海英華さん、花登益子さん、中田まなみさんなどのプロが育っている。

ふみ子師の三味線はきっちりしていて、寄席で落語家やお客の反応に合わせて弾く実戦向きの下座というよりも、お手本として原形を伝える役割を果たしていたように思う。

枝代さんは枝雀さんの下座として活躍しておられ、枝雀さんの映像や録音にその音が収められている。現在は第一線を退いておられるが、かつら益美さん、高橋真喜さん、浅野美希さん、岡野鏡さんなど門下から勢いのいい若手が育っている。

森垣と実師は既に亡くなられたが、柔らかい声の持ち主で、『たちぎれ線香』の『ゆき』や『肝つぶし』の『夕顔』などの地唄ものが特に結構だった。その門人の大川貴子さんのもとでも豊田公美子さんをはじめ若手が力を付けてきた。

内海英華さんは下座囃子としてだけでなく、いまやただ一人となってしまった「女道楽」の芸の継承者として、文化庁芸術祭の大賞も受賞し、高い評価を得ている。

小林政子師はきっちりとした演奏を聞かせてくれたが、「ハメモノ」ではきっかけの台詞から演奏がスタートするまでに一瞬の「間」があったような気がする。その政子師のもとでは入谷和女さんや、勝正子さん。和女さん門下の佐々木千華さんが育っているし、寄席囃子の滅亡に危機感を感じていた四代目林家染丸師は「林染会」という寄席囃子方の養成機関を作り、そこからも、若くして亡くなった山澤由江さんをはじめ、大勢の三味線方を輩出。現在、はやしや律子さんをはじめとして新子さん美紀さん、絹代さん、香穂さん、薫子さん、福さん、京子さんなど「はやしや」を名乗る囃子方が育ってきた。

もう一人、忘れられないのは徳永ハル師。「松永のお師匠はん」とも「鶴八のお師匠はん」とも呼ばれていた。徳永が本名で「松永ハル」は長唄の名前。「鶴八」は芸人時代の芸名である。もともとは東京の人で、亡くなるまで言葉は東京弁だった。いいところのお嬢さんだったらしいのだが、若いころから芸界に興味を持っていて芸人になった。

「ワタシ、明治時代の不良少女だったのヨ」と笑いながらおっしゃっていた。

男性で舞踊のうまい鶴次郎師……「猿若清水」という舞踊家だった……とコンビを組んでいて「笑福亭鶴八・鶴次郎」という芸名で活躍していた。「鶴八鶴次郎」とは新派の名作の登場人物の名前である。鶴次郎師は博多の出身でナマリがあってしゃべりが不得手なので、踊り本位の高座だったという。客席からリクエストを取って即興で踊るという芸で、踊る鶴次郎師もすごいが、即座に地方を勤める鶴八師もすごかった。長唄や義太夫のように邦楽だけでなく流行歌なども譜面なしで演奏したのだから立派なものだ。この時の引き出しが寄席囃子方になった時におおいに役だった。
「笑福亭」を名乗ったのは一時五代目松鶴師の身内になっていて、片江の五代目の家に住んでいたことがあるから。後には四代目米團治師の家に寄宿していたこともあり、そのころに新弟子だった米朝師は、ヒロポンをやっていたのを目撃したことがあるという。いずれにしても、あっさりした芸で大阪には向かないので、八代目桂文楽師に「東京に来ないかい？」と誘われたこともあるそうだ。
一九八五年八月一四日に神戸で桂朝丸時代のざこばさんと笑福亭鶴光さんの二人会があった時のこと。朝丸さんの演目は『七度狐』という噺。噺の後半、村人が棺桶を担いで寺にやって来るシーンで〽ナンマイダー、ナムアミダ……という『かさや』という下座唄が入ることになっている。朝丸さんが冗談でハル師に
「お師匠はん、今日の会は民音主催の会やさかい、ナンマイダーは具合悪いでっせ」
と言ってから高座に上がった。噺はどんどん進んでいよいよ棺桶を担ぎ上げるシーンで朝丸さんが
「行け行けーっ！」ときっかけの台詞を言うと下座から聞こえてきたのは
〽ナンミョウホーレンゲキョー……というハル師の歌声。歌いにくいと思うのだが、みごとに

歌い切って噺も無事終了。朝丸さんが汗を拭きながらハル師に「おつかれさまでした」と声をかけると、ハル師はひとこと
「あたしにシャレ、通じないわョ」

さすがは元・笑福亭鶴八である。

下座囃子の録音としては最も古いのが**上方落語寄席囃子集**（コロムビア）。CD二枚組で出囃子、受囃子、はめもの、いろものの地囃子、儀礼囃子、擬音などが収められている。演奏者も林家トミ師、瀧野光子師。鳴物は四代目桂文枝師、文の家かしく（後の三代目笑福亭福松）師、初代桂南天師などの手だれが顔を揃えている。行儀のよくなった昨今の寄席囃子とは一味違う、寄席らしい崩れた楽しい囃子が収められている。また、ハメモノのきっかけを言う役を若き日の米朝師とかしく師が勤めているのも値打ちである。ちなみに、かしく師の声はこの録音でしか聴くことができないはずである。

上方寄席囃子大全集（燃焼社）はCD四枚組。枝代さん、益美さんの糸で、鳴物は米輔さん、文我さん、米平さん、まん我さん。出囃子、はめもの、鳴物を演奏。米朝一門系統のお囃子さんの録音である。

染丸一門系統の音としては**上方落語寄席囃子の世界**（創元社）がある。CD四枚に出囃子、ハメモノ、受囃子、儀礼の鳴物が収められている。三味線は染丸さん、英華さん、和女さん、

由江さん、早川久子さん、律子さん、はやしや新子さん、はやしや絹代さん。鳴物は染語楼さん、染二さん、染雀さん、染左さん、愛染さんという林家一門の落語家たち。笛は林家小染さん、月亭八天（現・文都）さん、染左さん。地歌と箏が飛山百合子さん。浄瑠璃と太棹三味線が染丸さんという顔ぶれ。染丸さんによる寄席囃子の歴史や曲目解説、現役のお囃子さんの聞き書きなど資料的価値も高い。

平成の女道楽　内海英華でございます（ジパングレーベル）は寄席囃子だけでなく、寄席の音曲なども収められている。英華さんと和女さんの三味線とうさぎさん、阿か枝さん、喬若さんの鳴物が収めれていて、気軽に聴くことのできる一枚である。英華さんは、「お囃子JAZZ〜音伎噺」というジャズバンドとコラボしたCDも出している。

CDにはなっていないが**上方下座音楽集成**（ビクター）というLP六枚組のアルバムには小野てる師、小林政子師、松永はる師、平松元女《もとめ》師の三味線。中田つるじ師、林家市染（後の四代目染語楼）さん、桂すずめ（廃業）さんの鳴物、六代目笑福亭松鶴師の口演による寄席囃子が収められている。つるじ師は元は四代目松鶴師の門人で「鶴二」を名乗っていたお人。NHKをはじめ放送関係の落語会に「中田つるじ社中」として出演しておられた。大正末期から寄席囃子方に転向。戦前の寄席の囃子を知る貴重な存在だった。このアルバムには、つるじ師の「芸話」も収められていて、昔の法善寺花月には締太鼓が三挺あって、そのうちの二挺を「合打ち」といって二人で打ち、合わなかったら先輩に叱られた話や、「かんてきのす」という七輪の中に敷く鋳物の「す」を吊るして叩くとトライアングルのような音がした……というような証言は貴重である。ほかに上方歌舞伎の下座音楽や、漫才の三人奴師による寄席の唄も収められているので、是非CD化してほしい資料だ。

お囃子さんの中には落語家の奥さんという人も居る。夫婦だから気が合う……はずだし、なにより身近に居るので落語家さんの調子を一番よく把握している。古くは二代目林家染丸夫人の林家トミ師、五代目笑福亭松鶴夫人のお鯉さんをはじめ、それ以前には初代文我、六代目林家正楽、二代目三遊亭圓馬、三代目桂文團治、二代目笑福亭福圓、三代目桂塩鯛といった落語家たちの妻女が下座を勤めていた。

現在でも中田まなみさんは桂春雨夫人だし、かつら益美さんは桂文我夫人である。

山澤由江さんも笑福亭仁勇さんの奥さんで、思い切りのいい三味線を弾く人だったが惜しくも二〇一〇年に亡くなられた。そして、一七年にはご亭主の仁勇さんもあちらへ行ってしまった。いまごろ、あちらの繁昌亭で夫婦で「ハメモノ」入りの噺を演じていることだろう。

一時、高齢化で滅亡の危機に瀕していた寄席囃子の世界も、いまや二十人を超える若き才能が集まってきている。上方落語の土台は彼女たちの手によってしっかりと支えられている。

第3章

音と映像と文字と

上方落語の音源や映像、速記を網羅することはかなり困難なことだ。この「舞台裏」シリーズの以前の二冊の場合は米朝師と枝雀さんという限定だったから、なんとかまとめることができたが、そのお二人を除く上方落語全体となると、あまりに幅が広すぎて収拾がつかなくなる。それでも、故人のものに限定して、可能な限り、現在、書店やCDショップなどの店頭やネットで入手可能なものをまとめてみた。

なお、繁雑さを避けるため敬称は省略させていただいた。

●音

個人のCD全集としては六代目笑福亭松鶴のCDが二種類出ている。まずは二〇〇一年にビクターから出た**六代目笑福亭松鶴上方はなし**。十四枚に三十五席が収められていて、上方落語の型を正確に伝えるためにすべてスタジオ録音で収録されている。録音は一九七三年九月から翌年九月にかけて行われ、最初はレコードで発売され、次にカセット化されて、さらにCDとなった。レコードに添えられた高座の速記は入門直後の鶴瓶が書き起こしたものだと聞いている。囃子方を中田つるじが担当していて、いろんな出囃子、受囃子を演奏しているのも聞きものである。ネタとしても『らくだ』や『高津の富』といった十八番だけでなく『月宮殿星の都』や『吉野狐』といった珍品が入っているのが貴重。

もうひとつは一九七九年一月に大阪の毎日国際サロンで開催された十三日間連続（途中二日休演）独演会をライブ版として収めた**六世松鶴極つき十三夜**（ビクター）。七枚のCDに十三席が収められているが、初日の『高津の富』の冒頭部分の音質が違っており客席の反応も入っていない。これは技術上のミスで録音できなかった部分を後からスタジオ録音でプラスしたという事情なのだそうである。上方はなしと比べるといささか呂律が怪しくなっている部分もあるが客席と遊ぶライブならではの楽しみが味わえる全集になっている。

二〇一一年からスタートした**落語昭和の名人完結編**（小学館）の⑳にも『高津の富』と『貧乏花見』が入っている。

また、NHKの録音を集めた**てんこもり！　六代目笑福亭松鶴全集**（エニー）全十一巻もあるが、現在では入手困難である。

五代目桂文枝には**五代目桂文枝上方噺集成**（ソニー）全八巻がある。一九八〇年から八二年に東京の三百人劇場や京都府立文化芸術会館でライブで収められた音とスタジオ録音が混在している。二〇〇五年に**桂文枝**というタイトルで発売されたCD全集を再編集したものである。

落語昭和の名人完結編⑬（小学館）には『立ち切れ線香』と『船弁慶』が入っている。

六代目笑福亭松喬の音としては二〇〇八年に発売された**六代目笑福亭松喬上方落語集**（コロムビア）。まだ「鶴三」を名乗っていた一九八五年から二〇〇〇年にかけて収録された若い時代の高座である。メジャーでCDを発売する以前は、自宅にCDを製造する機械を置いていて、自分と弟子たちでCDを「手焼き」していたという噂を聞いたことがあるが、その時の音源も入っているのではなかろうか？　珍品としてラジオのSE（効果音）を下座の代わりに使用した『七度狐』が入っている。

その翌年、〇九年に発売されたのが**六代目笑福亭松喬上方落語名演集**（コロムビア）。こちらには一九九五年から二〇〇八年にかけて録音されたライブ盤CD十枚に十九席が収められているほか、特典盤としてスタジオで録音した『艶ばなし』が付いている。

桂吉朝はEMIから出ている**桂吉朝おとしばなし「吉朝庵」**全五巻。一九九七年から二〇〇〇年にかけて録音された九席が収められている。

また、二〇〇五年十一月八日に亡くなった直後、十二月二十一日に尼崎市のアルカイックホール・オクトで開かれた「桂吉朝を送る会」で配布されたCDが**吉朝庵形見噺**（EMI）として後に市販されている。『そってん芝居』と最後の高座となった『弱法師』が収められている。

二〇一一年に七回忌を記念して淡交社から刊行された**桂吉朝夢ばなし吉朝庵**の付録CDに『くっしゃみ講釈』と『深山隠れ』が収められている。

追悼盤としては**七代目笑福亭松鶴・笑福亭松葉上方はなし**（クラウン）と桂喜丸の**らくごDEきまる**（EMI）などがある。

三代目春團治の実父であり、師匠でもあった二代目春團治は一九五一年一一月に「春團治十三夜」という落語番組を毎週一回のペースで朝日放送で放送した。その録音が残っているのだが、おそらく落語のライブ盤としては東西を通して最も古いものではないかと思う。「十三夜」と言いながら第三夜の『いかけや』と第八夜の『黄金の大黒』と第十夜の『ろくろ首』のテープが行方不明なのであるが、残った十席に小咄『写真屋盗人』……これもライブ盤である……に、さらには福團治時代のSP盤六席を別巻としてプラスした**二代目桂春團治ライブ十番**（日本伝統文化振興財団）がある。速記や資料も充実している一級の資料だと思う。

初代桂春團治はSPレコードを最も多く遺したはなし家だが、その音を集めたLPレコードをCD化したのが**初代桂春團治大全集BOX**（徳間ジャパン）。五枚のCDに二十席入っている。また**決定版初代桂春団治落語傑作集**（コロムビア）は六枚のCDに二九席が入っている。

東京で上方落語を演じていた初代桂小文治では『菊江仏壇』と『正月丁稚』の入った**NHK落語名人選76**（NHKCD）がある。**NHK名人選100**というシリーズの⑰には『菊江仏壇』のみが収録されているし、**落語仮名手本忠臣蔵**（クラウン）シリーズには『紙屑屋』と『質屋芝居』が収められている。

三遊亭百生には『天王寺詣り』、『貝の村』、『船弁慶』を収めた**NHK落語名人選75**（NHKCD）と『皿屋敷』、『池田の猪買い』、『夢八』が入っている**ベスト落語二代目三遊亭百生**（コロムビア）がある。

二代目桂小南は**NHK落語名人選73**（NHKCD）に『三十石』と『りんきの独楽』、**NHK落語名人選100**（NHKCD）に『七度狐』と『夢八』が入っている。

複数の演者が収められているCD全集としてはビクターから二〇〇二年より〇六年にかけて出ている**ビクター落語上方篇**。全五十六枚に六代目笑福亭松鶴、三代目桂春團治、三代目林家染丸、三代目桂文我、二代目桂春蝶、初代森乃福郎、二代目露の五郎、七代目笑福亭松鶴、橘ノ圓都、五代目桂文枝、四代目桂文紅といった面々の録音が収められている。いずれもNHKや朝日放送に残っていた音源を使用しているが、貴重なものが多い。

後に一一年に朝日放送に残っていた四代目桂文團治の録音が追加で三枚発売されている。

このシリーズに米朝、枝雀が入っていないのは、レコード会社の所属の関係である。

朝日放送で一九五五年一二月からスタートした「上方落語をきく会」の高座をまとめたのがCDブック**栄光の上方落語**（角川書店）。こちらには十枚のCDの中に四代目桂文團治、橘ノ円都、三代目林家染丸、四代目林家小染、二代目桂春蝶、六代目笑福亭松鶴、桂米朝、三代目桂春團治、五代目桂文枝、桂枝雀の高座が収められている。

さらにSPレコード時代の古い音としてはCD八枚組の**昭和戦前面白落語全集—上方篇**（エニー）に初代桂春團治、二代目立花家花橘、五代目笑福亭松鶴、二代目桂春團治、初代桂小春

團治、二代目桂三木助、三代目立花家千橘、二世曾呂利新左衛門、三代目桂文團治、四代目笑福亭松鶴、初代桂枝雀、初代桂枝太郎、二代目桂小文枝、初代露の五郎、初代橘家蔵之助、笑福亭圓歌、二代目林家染丸の声が入っている。

落語昭和の名人完結編（小学館）の㉒には橘ノ圓都の『掛取り』と小咄三題と三代目林家染丸の『莨の火』が、㉓には初代桂小文治の『尻餅』、二代目三遊亭百生の『宿替え』、二代目桂小南の『貝野村』が入っているし、**東京落語会名演集**（NHKCD）には桂小文治の『たちきり』と二代目桂小南の『三十石』が入っている。

国立演芸場の開場三十周年記念で二〇〇九年に発売された、こけら落とし公演のライブCD**東西名人揃いぶみ**（ポニーキャニオン）には、小文枝時代の五代目文枝、五郎時代の五郎兵衛、二代目小南の高座が入っている。

初代、二代目、三代目の三代の春團治の音を集めた**春團治三代**（クラウン）には、初代の噺が二十一枚のCDに八十三席、二代目が五枚のCDに二十三席、三代目が七枚のCDに十五席入っている。

落語入門落語名人十八番集（ポニーキャニオン）はCD十枚組でその内の三枚に六代目松鶴、七代目松鶴、初代福郎、初代春團治、三代目春團治、二代目春蝶、三代目染丸、四代目小染、三代目染語楼の声が入っている。

艶笑噺のＣＤも発売されていて、**ライブ上方艶笑落語集**（コロムビア）全十集をはじめとして、一九八七年に収録された**上方落語名人選上方お色気噺秘蔵版**（ケイエスクリエイト）十枚組ボックスと**上方落語名人選珍品抱腹上方お色気噺**（ケイエスクリエイト）十枚組ボックスなどに故人の高座も入っている。

そして、**古今東西噺家紳士録**（エーピーピーカンパニー）と続編の**ご存じ古今東西噺家紳士録**（エーピーピーカンパニー）のＣＤ-ＲＯＭには上方だけでも計九十二名の物故落語家の声が入っている。

余談として付け加えておくと、上方落語がブームを迎えた一九七〇年代、多くのレコードが発売されている。その代表としては**島之内寄席ライブ**（キング）全三巻。島之内寄席は大阪ミナミの島之内教会というキリスト教の教会で月に五日間だけ開かれていた上方落語戦後初の定席。第一回が一九七二年二月。同年一一月二〇日から二四日まで第十回を記念して開かれた公演の中からセレクトされたライブ盤。一巻にＬＰ三枚入っていて全部で十八席が収められている。「ブーム」と呼ばれた時代の落語家だけでなく、客席の熱気もひしひしと伝わってくる。

上方落語古今十八番集（ポリドール）は七六年八月から発売開始したシリーズ二代目春團治、三遊亭百生、三代目染丸、圓都という大御所だけでなく、当時の鶴瓶など若手までの幅広いメンバーの高座を集めている。全部で二十集発売されている。

一九七一年一一月に朝日放送の主催で開かれた「一〇八〇分落語会」の実況録音盤**上方落語大全集　朝日放送1080分落語会実況録音盤**（テイチク）や、翌七三年五月に開かれた「上方落語を聞く会」で『東の旅』を特集した時のライブ盤**上方落語大全集／東の旅**にも亡き人の声が入っている。

いずれも、CD復刻の兆しはないが、いずれは記録として遺してほしいものである。

●DVD

三代目桂春團治の映像としては二〇〇六年に大阪のワッハホールで開催された芸能生活六十年を記念しての「極付十番落語」の高座を収録した五枚組のボックス**極付十番三代目桂春團治**（ワーナー）がある。

五代目桂文枝の映像としては東京の国立劇場小劇場で開かれているTBS「落語研究会」で七一年から九三年までの間に演じられた十一席の高座を収めた四枚組ボックス**落語研究会五代目桂文枝名演集**（よしもとアール・アンド・シー）。

そのほかにもCD八枚とDVD二枚のセットになっている**五代目桂文枝**（吉本興業）。亡くなる前年に初演した自作の『熊野詣』の映像が収められているのが貴重である。

一九八四年に三十六歳で夭折した四代目林家小染も**四代目林家小染**（吉本興業）と題するCD七枚とDVD三枚のボックスが二〇〇九年に出ている。

六代目笑福亭松喬のDVDとしては**笑福亭松喬ひとり舞台ファイナル**（コロムビア）。二〇〇二年から続けていた独演会「松喬ひとり舞台」の最後を飾る六日間連続の会を一一年一二月に開催。その時の高座を収めた六枚組のボックス。

そして、没後に発売されたのが**松喬十六夜**（コロムビア）。自分が癌であることを知った松喬が、二〇一二年から三か月に一回で計十六回……四年間にわたって二席ずつ演じ続ける「松喬十六夜」の高座を記録する予定であった。松喬が亡くなったことでこの会そのものが第三夜で終わってしまったが、その三夜の映像に加えて、晩年に持ちネタに加えた『お座参り』、『網船』、『住吉詣り』が収められている。

桂吉朝の映像はNHKと読売テレビ「平成紅梅亭」で収録された高座を収めた**特選吉朝庵**（EMI）。第一集に『天災』と『蛸芝居』、第二集に『狐芝居』と『愛宕山』が入っている。

そして、TBSの「落語研究会」で一九九三年から二〇〇三年までの十年間に演じられた一四席を収めた**落語研究会桂吉朝全集**（EMI）。東京でも吉朝の落語が受け入れられていたことがよくわかるシリーズだ。

複数の演者を集めたものとしては**落語研究会上方落語四天王**（EMI）がある。六代目松鶴、米朝、三代目春團治、五代目文枝の四人がＴＢＳの「落語研究会」で演じた高座の中からセレクトして、一人一枚のＤＶＤにまとめたものである。米朝と文枝については、すでに商品化されているが、六代目松鶴の映像は残っているものが少ないのでたいへん貴重なものである。

ちなみに六代目松鶴の映像としては**上方落語名人撰四天王編**（ＮＨＫビデオ）というタイトルのビデオ全集に『わたしの自叙伝』と題する回顧談と『高津の富』を収めた上巻と『らくだ』が入っている下巻が存在するくらいである。「四天王」と題しているから、この全集には六代目のほかに米朝、春団治、文枝の三人の映像も入っているが、今や入手困難であろう。

読売テレビの落語番組「平成紅梅亭」の高座を収めたＤＶＤもある。**平成紅梅亭特選落語会**（ポニーキャニオン）と題されたシリーズで、**上方落語の真髄大御所の会**には米朝、春團治、文枝、五郎兵衛が、**饗宴！　夢の前夜祭**には六代目松喬が、**特選！　噺家の会**には吉朝の映像が収められている。

また「平成紅梅亭」の二〇周年を記念して発売された**今蘇る！　名人芸ベストセレクション**（ポニーキャニオン）には七代目松鶴（松葉）、吉朝、六代目松喬が入っている。

●活字

上方落語の速記というと桂米朝が全集を出していることもあって、ほかの人の速記はそんなに多くない。

それでも、一九七三年に講談社から出た**古典上方落語**上下巻は笑福亭松鶴編ということで、松鶴だけでなく仁鶴、鶴光、先代枝鶴などの速記が収められているし、一九七四年に講談社から出た**小文枝の落語　女・女・女**は小文枝時代の五代目文枝十八番の『稽古屋』や『立ち切れ線香』など女性が活躍する噺九席の速記が載っている。

一九八七年に講談社から出たスーパー文庫の**上方落語**は、五代目と六代目の笑福亭松鶴の速記百席を作家の三田純市が編集したもの。その多くは戦中に五代目松鶴が発行した「上方はなし」に掲載されていた速記がもとになっている。ただ「上方はなし」の速記の中には五代目松鶴が演じていなかったネタも記録保存のために収録されている。「上方はなし」の速記の中から五代目松鶴が得意にしていたネタだけを選んだ**五代目笑福亭松鶴集**（青蛙房）もあり、巻末に六代目松鶴、松之助、五郎による鼎談と解説が付いている。

原典の上方はなしは三一書房から一九七二年に復刻されているが、限定出版ということもあって、現在では図書館でご覧いただくしかないかもしれない。

青蛙房からは**二代目桂小南集**も出ていて『花の都』や『とろろん』などの珍しい噺の速記が貴重だ。

初代桂春團治の速記を集めたのが**初代桂春団治落語集**（講談社）。初代春團治の遺したSP

レコードの六十三席を文字に起こしたもので、大阪芸能懇話会の東使英夫さんが編集しておられるだけあって、細部にまでこだわった速記になっていて、古い大阪ことばを知るためにも貴重な本である。

そのほか、複数の演者の速記を集めたものとしては一九九五年に刊行された講談社スーパー文庫の**落語名人大全**に二十五席の上方落語が収められていて、三代目桂文枝や桂仁左衛門など演者名も記されている。上方は三田純市先生が編集を担当している。ただし、初代笑福亭福松口演となっている『紙屑屋』は、どうも初代桂小文治師の高座のような気がするのだが……。

そのほか、**上方落語**（筑摩書房）上下巻や**古典落語大系⑧**（三一書房）、**古典落語⑩上方ばなし**（角川文庫）、**上方落語おもろい集**（新風出版社）などがあるが、今となっては古書店で探すしかないように思う。

一九二九年から騒人社という出版社より**名作落語全集**という全十二集の速記本が出版されていて、その中にも上方の落語家の速記が混じっている。この本は後に今村信雄によって再編集されて西沢道書舗から発売されている。

東京落語といっしょに掲載されているものとしては**定本・落語名作全集**（立風書房）上下巻。上巻には初代春團治、五代目松鶴、初代小文治、四代目米團治の、下巻には三代目染丸、三代目林家染語楼、六代目松鶴、二代目小南、米朝の速記が収められている。

定本・艶笑落語（立風書房）正続編。一九七一年に発行された正編には圓都、三代目春團治、百生、二代目小南、三代目染語楼、三代目染丸の、七四年に発行された続編には五郎兵衛、三代目染語楼、圓都の速記が掲載されている。この本は後にちくま文庫から三巻に再編集されて発行されている。また、藤本義一が上方のバレ噺を集めた**古典落語・上方艶ばなし**はＫｉｎｄｌｅで見ることができる。

そして、毎日新聞社が一九六六年に刊行した**落語三百年昭和の巻**にも四代目米團治、初代春團治、先代小春團治（後の五郎兵衛）の速記が入っている。

ＳＰレコードの収集家でもあった都家歌六師が、ＳＰレコードに添えられている速記をまとめた**落語レコード八十年史㊦**（図書刊行会）も貴重な資料である、

音源、映像、活字については寄席芸能史研究家の前田憲司さんにご教示をいただいた部分が大きい。ただ、前田さんにお教えいただいた資料をすべて網羅するとかなりの分量になるので、今回は故人のもので、今でも入手できる可能性のあるものだけにとどめた。

前田さんには御礼を申し上げるとともに、資料の一部しか使わせていただけなかったことにお詫び申し上げたい。すんませんでした。

「あとがき」という題の言い訳

ようやく、三冊目の「舞台裏」が完成した。

学者でも研究者でもない、作家である私の備忘録にようこそお付き合いくださいました。「まくら」にも書かせていただいたが、本書は二〇一三年と二〇一五年にに上梓した『枝雀らくごの舞台裏』と『米朝らくごの舞台裏』の姉妹編であり、完結編である。

『枝雀らくごの舞台裏』や『米朝らくごの舞台裏』でも、記憶違いや勘違いで誤った記述をしたところを、読者の方々からご親切にご教示いただいた。ただただ感謝である。

日付の誤りでは、例えば『枝雀らくごの舞台裏』の『宿屋仇』の項で、枝雀さんが見台の脚を折ってしまったのは「九二年九月八日」と記したが、正解は「八九年九月八日放送分」。『米朝らくごの舞台裏』では『高津の富』で四代目米團治師の命日を「一九五一年一一月二三日」と記したのは「一〇月二三日」の誤り。『本能寺』で部分入歯を落とすアクシデントが起こったのは九六年三月二二日放送の『日本の話芸』ではなくて八四年一二月一三日放送の『東西落語特選』。

場所の誤りは「まくら」の項で「米朝スポットショー」の会場を「京都会館」と書いているが、正解は「京都勤労会館」。

『稲荷俥』で車夫・梅吉の自宅の近所にあるうどん屋は「高津四丁目の『山口』」ではなく「高津四番町の『山吹』」。

この種の誤りは資料と突き合わせていただいたら誤りとおわかりいただけるのだが、エピソードの内容についての誤りは、他に裏付け資料がないので是非とも書いておかねばならない。

まず『馬の田楽』。終戦直後、ドブロクにネコイラズ（殺鼠剤）を入れる理由を「ちょっと入れるとしびれたような感覚になっておいしくなるからだそうだ」と記したが、その道の詳しい方から「ネコイラズには発酵を早める効果があるので、少しだけ入れる」のだそうである。

……しびれたら命にかかわりますわなあ。

『天狗さし』で大西信行先生がハンバーガーの自動販売機にお金を入れると、商品が出てくるまでの間のつなぎとして、相模太郎師の〽待て待て待て待て待たねぱならぬ……という浪曲が聞こえてくるという企画があったが「実現しなかった」と記したが、大西先生ご自身からお便りをいただき「実は実現したんだよ」とご教示いただいた。大西先生とは二〇一六年一月一〇日にお別れした。改めてご冥福をお祈りします。

また、同書第二章の「活字と音と映像と」の項で、米朝師の著作物の『一芸一談』の出版社を淡交社とのみ紹介したが、ちくま文庫からも発行されている。そして、その続編として『米朝置土産一芸一談』が二〇一六年に淡交社から発行された。

このほかにも、思い違いや誤字、脱字や誤記もあると思うが、ここでは大きな訂正をさせていただいて、粗忽の段、お詫び申します。

今回は各師匠方の門弟の皆さまに、いろいろとご教示をいただいた。三代目林家染丸師とお囃子については四代目染丸さんに、六代目笑福亭松鶴師については松枝さんに、三代目桂春團治師については春若さんに、五代目桂文枝師については枝女太さんに、露の五郎兵衛師については立花家千橘さんに、初代森乃福郎さんのことは二代目福郎さんに、二代目春蝶さんについては息子の三代目春蝶さんに、六代目笑福亭松喬さんについては一番弟子の七代目松喬さんに、二代目桂歌之助さんについては三代目歌之助さんと二代目夫人に、吉朝さんについては吉弥さんに、三代目と四代目の林家染語楼さんについては市楼さんに、喜丸さんについては夫人に、お囃子さんについては内海英華さんに教えていただいている。それでも、記憶違いや事実誤認があると思うが、それはすべて私の責任である。

なお、参考資料としては『古今東西落語家事典』(平凡社)、『増補落語事典』(青蛙房)、『能・狂言事典』(平凡社)、『演劇外題要覧』(日本放送協会)、『歌舞伎名作事典』(演劇出版社)、

『季刊雑誌・歌舞伎』（松竹株式会社）、『文楽床本集』（国立文楽劇場）などを使用した。

そして、おしまいに、いつまでたっても完成しない原稿を気長に待ってくださった筑摩書房の磯部知子さんの優しさに深々と感謝の最敬礼をさせていただいて筆をおく。

ちくま新書
1375

上方《かみがた》らくごの舞《ぶ》台裏《たいうら》

二〇一八年一二月一〇日　第一刷発行

著者　小佐田定雄（おさだ・さだお）

発行者　喜入冬子

発行所　株式会社 筑摩書房
東京都台東区蔵前二―五―三　郵便番号一一一―八七五五
電話番号〇三―五六八七―二六〇一（代表）

装幀者　間村俊一

印刷・製本　株式会社 精興社

ISBN978-4-480-07185-9 C0276